EDITH HEAD MIT JOE HYAMS DRESS FOR SUCCESS

Illustrationen von Edith Head

Übersetzt von Yasemin Dinçer

Eden
BOOK

EDITH HEAD MIT JOE HYAMS DRESS FOR SUCCESS

Inhalt

Mit Dank an Maybelle Hall
für ihre unbezahlbare editorische Unterstützung

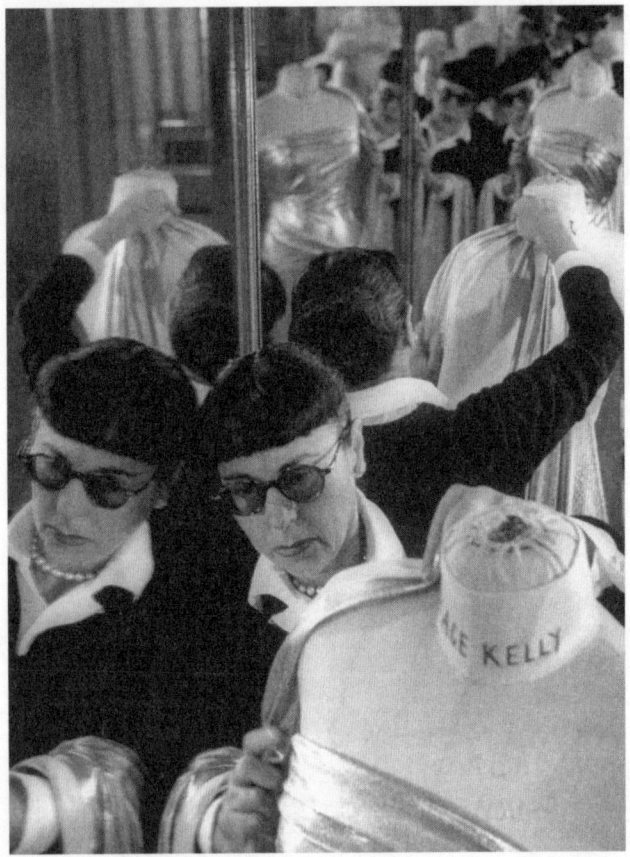

Foto: Allan Grant / Time Life Pictures / Getty Images

Vorwort

Dieses Buch richtet sich an Frauen, die erfolgreich sein möchten. Und damit sind alle Frauen gemeint, die sowohl alt genug sind, um zu wissen, was sie wollen, als auch energisch genug, um ihre Ziele zu verfolgen. Dabei geht es nicht allein um beruflichen Erfolg. Der weibliche Weg zum Erfolg ist selten eine einspurige Straße. Stattdessen ist er ein vielspuriger Highway, der sich in verschiedene Richtungen verzweigt. Sind Sie Geschäftsfrau, so wünschen Sie sich selbstverständlich Erfolg auf Ihrem gewählten Karriereweg. Aber aller Wahrscheinlichkeit nach befindet sich an Ihrem Ende des Regenbogens mehr als nur ein Topf voll Gold.

Die meisten Frauen ersehnen sich die warme Geborgenheit einer glücklichen Ehe. Doch weibliche Ziele sind unendlich in ihrer Vielfalt und umfassen den sozialen Status, die Bewunderung durch die eigenen Kinder, die grenzenlose Liebe eines Ehemanns oder Partners, die Bedeutung innerhalb der eigenen Gemeinschaft, den Ruf, über einen ausgesuchten Geschmack zu verfügen, die Mitgliedschaft in einem exklusiven Klub und viele andere mehr.

Ganz gleich, worauf Ihr Erfolgsstreben sich bezieht, können Ihre Kleidung und Ihr Äußeres mit darüber entscheiden, ob Sie sich beständig auf Ihr Ziel zubewegen oder bloß auf der Stelle treten. Im Zeitalter der Techniken des Massenmarketings ist Ihnen bewusst, dass ein Produkt im Regal verstaubt, wenn es das Auge nicht anspricht. Wir sagen Ihnen also gleich zu Anfang: »Betrachten Sie sich selbst als Produkt.« Um erfolgreich zu sein, müssen Sie dieses Produkt verkaufen, also sollten Sie sich so schnell wie möglich überlegen, wie Sie es verbessern können.

Ihre wesentlichen Eigenschaften, Vorzüge, Reize, Talente und Ihr liebendes Herz mögen denen der meisten Ihrer Zeitgenossinnen weit überlegen sein. Ihre Familie und Ihre Freunde mögen Sie für die großartigste Frau seit Eva halten – doch vergessen Sie nicht, dass Eva etwas Besonderes war. Sie war einzigartig und hatte keinerlei Konkurrenz.

Sie dagegen sind nicht allein. Es gibt Dutzende, Hunderte, Tausende Frauen wie Sie, in allen Größen und Formen, und sie alle sind auf Erfolg aus – in vielen Fällen auf denselben Erfolg, den Sie anstreben. Und in diesem harten Wettbewerb entscheidet häufig die richtige »Verpackung« darüber, wer zum Ladenhüter wird und wer im gut bestückten Supermarkt des modernen Lebens gefragt und rasch ausverkauft ist.

Es besteht jedoch ein bedeutsamer Unterschied zwischen Ihrer »Verpackung« und der eines leblosen Produkts wie etwa einer Dose Bohnen. Die Bohnen haben nur ein einziges Ziel. Sie dagegen treten an vielen verschiedenen Orten auf und jede einzelne Situation, jede Tageszeit und jeder Schauplatz verlangt einen anderen Look, eine andere Stimmung und damit eine abwechslungsreiche Garderobe.

Wenn Hollywoodstars sich für bestimmte Rollen anziehen, ist ihre Kleidung von ungemeiner Bedeutung, um die Ausstrahlung und die Persönlichkeit jeder einzelnen Figur zu vermitteln. Es fiele einem sogar ziemlich schwer, Lady Macbeth ernst zu nehmen, würde sie einen winzigen Pünktchen-Bikini tragen – und selbst dem größten Sexsymbol der Welt würde kaum jemand hinterherpfeifen, wäre es gekleidet wie eine viktorianische Großmutter.

Wir wollen damit sagen, dass das, was Sie tragen, stets der Situation angemessen und schmeichelhaft zugleich sein sollte. Auch eine begrenzte Garderobe sollte die richtigen Stücke für alle möglichen Gelegenheiten in Ihrem persönlichen Lebensplan umfassen. Sie dürfen Arbeit und Vergnügen miteinander vermischen, wenn Ihnen danach ist – aber tragen Sie niemals ein Cocktailkleid im Büro, selbst wenn Sie die ganze Nacht durchgefeiert haben.

Wie Sie sich kleiden – oder sich selbst verpacken –, ist die eine Sache in Ihrem Leben, über die Sie vollkommene Kontrolle haben. Sie können nichts ändern an der Größe Ihrer Füße, der Form Ihrer Beine, der Farbe Ihrer Augen, der Beschaffenheit Ihrer Haare – aber Sie können Ihr Aussehen dennoch genauso einfach verändern, wie eine Schauspielerin es für jede neue Rolle tut.

Wenn Sie wissen, was Sie im Leben erreichen wollen – in welchen Bereichen Sie Erfolg anstreben –, dann ist es leicht, sich »rollengerecht« zu kleiden, um Ihrem Publikum den spannendsten, ansprechendsten und attraktivsten Auftritt zu bieten. Es gibt kein vorgefertigtes Rezept für Erfolg versprechende Kleidung, doch dieses Buch kann Sie, wie ein Kompass, davor bewahren, sich auf dem Pfad zum Erfolg zu verlaufen, indem es Sie in einem weiten Bogen um den Dschungel des schlechten Geschmacks, den Sumpf der Mittelmäßigkeit und den großen bösen Wolf namens »Nichts zum Anziehen« herumführt.

Bei Ihrer Erfolgssuche kann Kleidung selbstverständlich nicht die wesentlichen Eigenschaften ersetzen, die Sie für diesen Erfolg benötigen. Wie eine supereffiziente Chefsekretärin auszusehen, kann Sie dabei unterstützen, den Job zu bekommen, wird Ihnen jedoch nicht bei der Kommasetzung in Ihrer Korrespondenz helfen. Und wenn Sie wie die perfekte Hausfrau erscheinen, mögen Sie damit vielleicht den begehrten Junggesellen beeindrucken, den Sie zum Abendessen eingeladen haben, werden jedoch nicht von der Tatsache ablenken können, dass Ihr Kaffee wie heißer Schlamm schmeckt.

Kleidung kann Sie wie die Figur aussehen lassen, die Sie spielen möchten, aber sie ersetzt nicht das Vermögen, diese auch tatsächlich zu spielen. Machen Sie Ihre Aussichten auf Erfolg also nicht zunichte, indem Sie etwas anstreben, wofür Ihre Kompetenzen, Fähigkeiten und Talente hoffnungslos unzureichend sind. Hängen Sie Ihr Herz nicht an einen Job oder einen Mann, den Sie nicht handhaben oder bekommen können. Stecken Sie sich hohe Ziele – die allerdings stets erreichbar bleiben sollten.

Stellen Sie sich zuallererst den ungeschönten Fakten über sich selbst. Ziehen Sie auf einem Blatt Papier Bilanz, indem Sie Ihre körperlichen Vorzüge und Schwachstellen auflisten. Scheinen die Schwachstellen zu überwiegen, denken Sie daran: In über zwanzig Jahren, in denen ich die glamourösesten Frauen der Welt für Film, Theater und Fernsehen eingekleidet habe, ist mir nicht eine einzige ohne jeden körperlichen Makel begegnet.

Die meisten Schönheiten, die Sie für perfekt halten, haben genau wie Sie ihre Unvollkommenheiten. Aber sie haben gelernt, das Positive zu betonen und das Negative zu vertuschen.

Frauen lassen sich meist einem aus einer riesigen Auswahl an wiedererkennbaren Grundtypen zuordnen: der niedliche Typ, der stattliche Typ, der zarte Typ, der burschikose Typ, der klammernde Typ, der Outdoor-Typ, der sexy Typ und viele andere mehr. Entscheiden Sie jetzt sofort, welcher Grundtyp Sie sind. Fragen Sie sich, wie groß der Anteil Ihrer Kleidung daran gewesen ist, Sie zu diesem Typ zu machen. Wären Sie lieber ein anderer Typ? Wären Sie lieber chic als niedlich, würden Sie lieber dramatisch aussehen als stattlich, möchten Sie femininer, weniger farblos, eindrucksvoller erscheinen? Was Sie tragen, kann stärker als jeder andere Faktor Ihren Typ optimieren oder ihn gar *vollkommen verändern*.

Von größter Bedeutung ist es, dass der Look, den Sie anstreben, zu Ihrem Erfolgsziel passt. Fügt er sich in das Bild ein, in dem Sie sich rasch auf die Rolle zubewegen, die Sie schließlich spielen möchten?

Diese Fragen können nur Sie selbst beantworten. Doch wenn Sie sie einmal geklärt haben, kann dieses Buch Ihnen dabei helfen, Ihre Vorzüge zu betonen, Ihre Schwächen zu minimieren und das Image zu erschaffen, das Sie anstreben, um sich Ihre Herzenswünsche zu erfüllen.

Im Laufe meiner gesamten Karriere habe ich Kleidung verwendet, um Arbeitsbienen in Prinzessinnen, graue Mäuse in Glamourgirls und Vogelscheuchen in modebewusste Damen zu verwandeln. Wie eine meiner berühmten Freundinnen behauptet: »Hätte Aschenputtel Edith Head gehabt, hätte Sie keine gute Fee mehr gebraucht.«

Da haben Sie es nun. Wenn Sie wissen, was Sie vom Leben wollen, weiß ich, wie ich Ihnen dabei helfen kann, es zu bekommen.

Lassen Sie uns also die Köpfe zusammenstecken und zur Tat schreiten!

1.

Die richtige Kleidung für Erfolg im Beruf

1. Die richtige Kleidung für Erfolg im Beruf

Erfolg im Beruf bedeutet für jede Frau etwas anderes. Manche Frauen und Mädchen verstehen das Berufsleben lediglich als Intervall zwischen dem Verlassen der Schule und dem Zeitpunkt, an dem sie heiraten. Für sie ist eine erfolgreiche berufliche Karriere möglichst kurz und führt sie nicht in ein großes Büro mit goldenem Namensschild an der Tür, sondern direkt vor den Altar mit einem goldenen Ring am Finger. Sollten Sie zu dieser Gruppe gehören, ist Ihnen das gesamte nächste Kapitel gewidmet. Derweil empfehlen wir Ihnen, das Beste aus Ihrer Erfolgsgeschichte im Büro zu machen, indem Sie auch dieses Kapitel lesen. Wer weiß, womöglich heiraten Sie ja am Ende Ihren Chef!

Den Job bekommen

Bevor Sie auch nur das erste Kleidungsstück auswählen, müssen Sie wissen, welche Art von Job Sie anstreben. Die erwünschte (und vorausgesetzte) Kleidung unterscheidet sich stark von Firma zu Firma. In größeren Unternehmen, in denen Zuverlässigkeit, Stabilität und Seriosität wichtiger sind als Glamour (beispielsweise in Banken, Versicherungen, Anwaltskanzleien oder erstrangigen Industrieunternehmen), herrscht eine weitaus konservativere Kleiderordnung vor als in fantasievoller und kreativer ausgerichteten Büros (etwa in der Werbung, im Verlagswesen, im Handel oder in der Unterhaltungsbranche).

Um Ihren Traumjob auf dem Gebiet, für das Sie am besten geeignet sind, zu bekommen, nehmen Sie sich einige Zeit, so viel wie möglich darüber herauszufinden. Machen Sie sich schlau, indem Sie alles darüber lesen, Fragen stellen, den Wirtschaftsteil Ihrer Tageszeitung verfolgen und sich einige der Fachzeitschriften besorgen, die in dieser Branche gelesen werden.

Beispielsweise werden Ihnen ein paar Ausgaben des *Wall Street Journal* den Anschein von Fachwissen über die Finanzwelt verleihen –

genau wie Publikationen wie etwa *Advertising Age*, *Petroleum News*, *The Law Journal* und *Women's Wear Daily* über ihre jeweiligen Sachgebiete. Wenn Sie diese Zeitschriften in Ihrer Heimatstadt nicht beim Zeitschriftenhändler bekommen, gehen Sie zum Büffeln in die Bibliothek.

Je mehr Sie über die Geschäftswelt wissen, von der Sie ein Teil werden möchten, desto besser sind Sie am Ende für ein Bewerbungsgespräch vorbereitet. Wenn Sie bei einer ganz bestimmten Firma landen wollen, versuchen Sie, sich deren letzten Geschäftsbericht zu beschaffen (von einer Bank oder einem Börsenmakler), und studieren Sie ihn. Er wird Ihnen alle relevanten Fakten über die Produkte oder Dienstleistungen des Unternehmens, seine Wachstumsstruktur, seine Position innerhalb des Wirtschaftszweigs, seine Strategien und vieles mehr liefern.

All diese Informationen werden Ihnen, gemeinsam mit Ihrer äußeren Erscheinung, beim Vorstellungsgespräch sehr zugutekommen und Ihnen dabei helfen, Ihren Traumjob zu bekommen.

Der Akzeptanz-Look

Was Sie zu diesem Vorstellungsgespräch tragen, wird bis zu einem gewissen Grad auch vom Niveau des Jobs abhängen, den Sie anstreben. Wenn Sie sich auf einen Sekretärinnenposten bewerben, der mit 65 bis 100 Dollar pro Woche vergütet wird, zeugt es ganz offensichtlich nicht von gutem Urteilsvermögen, in einem Fünftausend-Dollar-Nerzmantel oder üppigem Schmuck zu erscheinen, selbst wenn Ihr Vater Millionär ist. Wir haben in der Vorbereitung für dieses Buch mit zahlreichen Personalchefs gesprochen, die der übereinstimmenden Meinung waren, eine junge Frau, die als Sekretärin oder für eine andere Bürotätigkeit eingestellt wird, solle möglichst zum allgemeinen Charakter des Betriebs und zu den anderen Mitarbeitern passen. Ein Mädchen mit einer Millionärinnengarderobe würde in einer Gruppe weniger reich ausgestatteter junger Frauen natürlich nur Neid und Feindseligkeit auf sich ziehen.

Personalchefs wollen bürointerne Eifersüchteleien, die durch Ungleichheiten solcher Art ausgelöst werden, vermeiden und bevorzugen daher neue Angestellte, die dem vorherrschenden Bild entsprechen. Extreme in Bezug auf Make-up, Frisur, Rocklänge oder Farbauswahl sind mit großer Wahrscheinlichkeit verpönt. Ihr Gegenüber beim Bewerbungsgespräch wird denken: »Diese hier ist übers Ziel hinausgeschossen – sie hat es in jeder Hinsicht übertrieben.« Einfachheit und guter Geschmack sind Regeln, die bei der Bewerbung für jeden beliebigen Job gelten, hinzu kommt eine perfekte Körperpflege, die Bände darüber spricht, wie ordentlich und sorgfältig ein Mädchen in ihrer Arbeit vorgehen wird.

Die Basiselemente der Garderobe einer jeden Frau im Berufsleben sollten aus diesem Trio bestehen: einfache informelle Kostüme, maßgeschneiderte Kleider und gute Einzelteile (Hemden, Blusen, Pullover und andere Oberteile). Als konkrete Orientierungshilfe finden Sie detaillierte Listen in Kapitel 12.

Probieren Sie vor Ihrem Vorstellungsgespräch für Ihren Traumjob das komplette Outfit an, das Sie zu tragen beabsichtigen. Betrachten Sie sich von allen Seiten im Spiegel, und zwar auch *im Sitzen,* denn so werden Sie die meiste Zeit über für die Person aussehen, die die Entscheidung treffen wird. Stellen Sie sich die folgenden Fragen: (a) Wirke ich gepflegt? (b) Sehe ich hübsch und ordentlich aus? (c) Fühle ich mich wohl? (d) Rutscht mein Rock zu weit nach oben? (e) Trage ich zu viel (oder zu wenig) Make-up oder Schmuck? (f) Passt dieses Outfit wirklich in das Bild der Position, die ich ausfüllen möchte?

Wir wissen von Fällen, in denen ungemein fähige Frauen einen Job nicht bekommen haben, weil sie *zu* elegant aussahen. Ein Personalchef vertraute uns über eine bestimmte Dame an: »Ich habe sie ganz einfach deshalb nicht eingestellt, weil ich annahm, dass eine derart attraktive Frau jeden Abend in der Woche verabredet sein würde und im Notfall niemals bis Viertel nach fünf bleiben könnte.«

Im Beruf

Das soll nicht heißen, dass Sie sich anstrengen sollten, *weniger* attraktiv auszusehen, um einen Job zu bekommen. Sie sollen Ihr *bestes* Selbst zeigen – aber eben Ihr bestes *Arbeits*-Selbst und nicht Ihr bestes Verführerinnen-Selbst.

In den letzten zwanzig Jahren haben sich die verschiedenen Kleidungsweisen stark verändert. Erinnern Sie sich noch an eine Zeit, in der allein das Wort »Lehrerin« das Bild einer knallharten, flachbrüstigen, flach besohlten, bebrillten Dame heraufbeschwor, die nicht mehr Sexappeal verströmte als eine Spülschüssel? Diese Zeiten sind vorbei. Lehrerinnen sehen heutzutage genauso hübsch und modisch aus wie andere berufstätige Frauen, allerdings betreten sie den Klassenraum nicht aufgemacht wie Sexgöttinnen.

Dieselben Veränderungen haben sich in der Filmbranche vollzogen. Die Kostümierung stützt sich viel mehr auf die Realität als auf Fantasievorstellungen. Nachdem ich Tausende Schauspieler und Schauspielerinnen für alle möglichen Arten von Rollen ausgestattet habe, kann ich Ihnen sagen, dass auch wir Fehlentscheidungen getroffen haben. Einst war Glamour Voraussetzung für das Kostüm jedes Filmstars in jeder Rolle, ganz gleich, ob diese danach verlangte. In den Dreißigern strotzte Carole Lombards Kostüm für die Rolle einer kleinen Sekretärin geradezu von Perlen und Zobelpelzen. Heute würden die Leute über eine solche Darstellung laut lachen. Da das Publikum nun viel anspruchsvoller ist, wird ausgiebig recherchiert, um sicherzustellen, dass jeder Schauspieler und jede Schauspielerin so gekleidet ist, wie er oder sie es in der tatsächlichen Situation auch sein würde.

Damit ein Film seinen Zuschauern glaubwürdig erscheint, müssen die Stars für die Tätigkeiten, die sie ausüben, richtig und authentisch gekleidet sein. Doris Day als Lehrerin bekam ein anderes Outfit als Shirley MacLaine als Zeitschriftenredakteurin. Elizabeth Taylor als Buchhändlerin wurde anders ausgestattet als Jane Wyman, die die Leiterin eines Kaufhauses spielte. Eva Gabor als Stylistin bekam einen vollkommen anderen Look verpasst als Julie Andrews als Wissenschaftlerin oder Anne Bancroft als Sekretärin.

Geht es um eine Szene, in der eine junge Frau bei Lockheed arbeitet, stellen wir keine Vermutungen darüber an, was sie tragen sollte. Wir statten Lockheed einen Besuch ab und finden es heraus. Wenn es um die Rolle einer Sekretärin einer Bank geht, senden wir Kundschafter in Banken aus, um zu sehen, welches Erscheinungsbild in solchen heiligen Hallen angemessen ist.

In *Verliebt in einen Fremden* mussten wir Natalie Wood als Verkäuferin in der Zooabteilung von Macy's anziehen. Wir gingen also auf direktem Wege zu Macy's, um einen Hamster zu kaufen. Dort sahen wir, dass alle Mädchen, die mit den Tieren zu tun hatten, eine bestimmte Art Arbeitskittel trugen. Wir besorgten uns ein Exemplar davon und ließen eine exakte Kopie anfertigen. Heutzutage wird diese Art von Authenti-zität in der Kostümierung von Schauspielern erwartet – genauso wie auch alles, was Sie tragen, der jeweiligen Situation angepasst sein sollte.

In Hollywood nennen wir diesen Aspekt bei der Kostümierung den »Akzeptanz-Look« – diesen Begriff sollten Sie am besten auch in Ihr Garderobenvokabular aufnehmen.

Sollten Sie eine Stelle in einem Geschäftsfeld anstreben, in dem modi-sches Gespür, Farbabstimmung und Ideenreichtum wesentliche Bestand-teile sind, sollten Sie diese Talente natürlich, dem Job entsprechend, in Ihrer Kleidung zum Ausdruck bringen. Bewerben Sie sich zum Beispiel um einen Job als stellvertretende Einkäuferin in der Sportwarenabteilung eines großen Kaufhauses, wäre es einfach töricht, zum Vorstellungsge-spräch in etwas anderem als hübscher Sportkleidung zu erscheinen, etwa einem hochwertigen Strickkleid oder einem Tweed-Zweiteiler.

Für den Film *Hausboot* sollte ich die aufregende Sophia Loren aus-gerechnet als unscheinbare kleine Haushälterin kleiden. Glauben Sie mir, das war schwieriger, als Popeyes Freundin Olive in ein Sexsymbol zu verwandeln. Es ist schwerer, aus einem Seidentäschchen ein Stück Stoff-rest zu machen, als andersherum. Sophia bat mich: »Bitte, Edith, lassen Sie mich aussehen, als wäre ich tatsächlich diese arme, überarbeitete Frau. Ich möchte vollkommen glaubwürdig erscheinen.« Als sie ein paar Wochen später schließlich zum ersten Mal das Filmmaterial dieser Szene zu Gesicht bekam, sagte sie: »Das ist großartig, Edith; würde man mir diese Frau als Haushälterin schicken – ich würde sie einstellen!«

Wir möchten, dass Sie einige dieser Erfahrungen in Ihren eigenen Plan, den Job zu bekommen, einfließen lassen. Analysieren Sie den Ge-schäftsbereich, in den Sie vorstoßen wollen – finden Sie heraus, was der »Akzeptanz-Look« in dieser Branche oder dieser Firma ist, und verpa-cken Sie sich dementsprechend.

Im Job vorankommen

Wieder haben Sie ein bestimmtes Ziel vor Augen. Was bedeutet es, im Job voranzukommen – reicht es schon, alle sechs Monate fünf Dollar mehr zu bekommen? Oder heißt es, dass Sie nach und nach oder auch geschwind die Leiter zu echtem beruflichem Status erklimmen – Privatsekretärin des Vorsitzenden, ein eigenes Büro, oder was auch immer Ihr Ziel sein mag?

Es liegt auf der Hand, dass zu viel Ungeduld und ein zu drängendes Wesen Sie auf der Jagd nach Erfolg zur selben Tür hinausfliegen lassen können, durch die Sie hineingekommen sind. Lassen Sie also nicht jeden wissen, dass Sie sich zu Höherem berufen fühlen. Lassen Sie es die anderen herausfinden. Sie müssen Ihr Licht aber auch nicht bescheiden unter einen Scheffel stellen. Was zählt, ist, dass Sie es auf Ihrem Weg zu einem besseren Job vermeiden, anderen auf die Füße zu treten. Denken Sie daran, dass diese schmerzenden Zehen sich rächen können, indem sie Sie auf dem Pfad zum Erfolg stolpern lassen. Also behalten Sie sie im Auge.

Erledigen Sie zuallererst Ihren derzeitigen Job perfekt, geben Sie wirklich alles. Im Baseball wurden schon viele Spiele verloren, weil ein übereifriger Second Baseman, der den Ball unbedingt werfen wollte, versäumt hat, ihn zuerst einmal zu fangen. Wenn Sie lernen, die gerade anstehende Arbeit exzellent und gründlich auszuführen, haben Sie nicht nur bessere Chancen, auf eine verlockendere Stelle vorzurücken, Sie rüsten sich damit auch für eine bessere Zukunft auf jedem Gebiet – die Ehe eingeschlossen.

Wenn Sie haben, was nötig ist – Talent, Fähigkeiten, Persönlichkeit –, und wissen, wohin Sie auf einem bestimmten Gebiet gelangen wollen, geben wir Ihnen den Rat, sofort loszulegen. Belegen Sie Abendkurse zu Themen, die Sie auf diesen wichtigen Schritt nach vorn vorbereiten. Was wird Ihnen auf dieser begehrten Stelle am meisten zugutekommen: Buchhaltung? Merchandising? Rhetorik? Eine Fremdsprache? Marketing? Verkaufstechniken?

Wenn es in Ihrer Stadt keine Kurse zu den Themen gibt, die Sie benötigen, *lesen* Sie alles darüber, was Sie in die Hände bekommen können. Durchsuchen Sie die Bibliothek nach Büchern, die Ihnen dabei helfen, eine Selfmadefrau zu werden. Und fangen Sie gleichzeitig damit an, sich für Ihre Rolle in Schale zu werfen.

Diese neue Situation auf dem Weg nach oben gibt Ihnen, im Gegensatz zur ursprünglichen, bei der es darum ging, den Job zu *bekommen*, viel mehr Spielraum in der Art, wie Sie sich kleiden. Steht Ihr Wert für die Firma erst einmal außer Frage und möchten Sie für eine höherrangige Position in Betracht gezogen werden, dann dürfen Sie sich als Erstes ein wenig aus dem Rahmen des »Akzeptanz-Looks« hinausbewegen, hin zu dem, was man als »Führungs-Look« bezeichnen könnte.

Ohne Zweifel werden Sie bemerkt haben, dass die weiblichen Führungskräfte in Ihrem gewählten Berufsfeld sich ein wenig anders kleiden als die gewöhnlichen Büromädchen. Während die Mädchen aus dem Stenografinnenrudel in Pullovern und Röcken zur Arbeit erscheinen, trägt die zuständige leitende Angestellte ein perfekt aufeinander abgestimmtes Kostüm. Während die Empfangsdame mit einem Kopftuch und ohne Handschuhe zum Mittagessen gehen kann, ist die zukünftige Führungskraft mit einem schicken Hut und Handschuhen ausgestattet, schon allein, um sich aus der Masse hervorzuheben.

Sie meidet kurzfristige Modetrends und setzt auf Kleidungsstücke, die Qualität und Geschmack beweisen. Sie widersteht der Versuchung, ihre Garderobe allzu oft zu verändern, um sich auf wenige, eleganter gestaltete Outfits zu konzentrieren, die ihr besser stehen und sich nicht in den einander gleichenden Garderoben der anderen Mädchen wiederfinden. Sie investiert in Kleidungsstücke, die nicht auffallend anders sind, sondern feiner in ihrer Verarbeitung.

Die weibliche Führungskraft ist in unserer Gesellschaft längst kein seltenes Phänomen mehr. Immer mehr Unternehmen erkennen die Männern ebenbürtigen Talente von Frauen in hochrangigen Jobs und während sich nur außergewöhnlichen Individuen die Möglichkeit bietet, solche hohen Positionen zu erreichen, ist es auf dieser Ebene umso wichtiger, passend gekleidet zu sein. Die Gründe hierfür liegen auf der Hand. In einer leitenden Funktion trifft eine Geschäftsfrau auf mehr Personen von außerhalb. Vielleicht bekommt Sie den Auftrag, Kunden zu unterhalten, schwierige Situationen zu handhaben, Autorität auszuüben. Sie isst mit anderen Führungskräften, männlich wie weiblich, zu Mittag und wird von Ihnen sozial akzeptiert. Sie darf nicht länger wie eins der Mädchen im Büro aussehen.

Gleichzeitig kann sie es sich ebenso wenig wie ein männlicher leitender Angestellter leisten, die Organisation zu missachten, dessen Teil sie ist. So kümmert es etwa kaum jemanden, wenn der Regalauffüller an einem heißen Tag in einem kurzärmligen Sporthemd ohne Jackett zur Arbeit erscheint, aber wehe dem aufstrebenden jungen stellvertretenden Vizepräsidenten, der in Turnschuhen und ohne Krawatte in seinem klimatisierten Büro sitzt.

Ebenso muss Ihr Erscheinungsbild auf Ihrem Weg zum Erfolg sowohl dem entsprechen, wo Sie gerade sind, als auch dem, wohin Sie wollen. Dies setzt Sie womöglich einigen Härten aus, verglichen mit der unbekümmerten kleinen Angestellten, die von niemandem beachtet wird. Sie kann wesentlich gefahrloser als Sie auf Strümpfe, Gürtel, Handschuhe, Hut und Unterhemd verzichten. Sie haben etwas, dem Sie gerecht werden müssen: Ihrem zukünftigen Erfolg in dem aufregenden Job, den Sie mehr als alles andere wollen.

Haben Sie die oberste Sprosse der Leiter erst einmal erklommen, sieht die Geschichte ganz anders aus. Die Exzentrik des Genies an der Spitze des Management-Totempfahls wird nicht nur hingenommen, sondern bewundert. Was Sie im Chefsessel tragen, ist vollkommen Ihnen überlassen. An diesem Punkt können Sie dieses Buch an Ihre Assistentin weitergeben und sich Notizen darüber machen, was Sie als Vorstandsvorsitzende tragen werden.

Auf dem Weg nach oben sollte jedoch Distinktion ohne Extravaganz Ihr Kredo sein. Und lassen Sie sich nicht von Ihrem eigenen Verlangen, der Masse zu folgen, gefangen nehmen, indem Sie die aktuellsten Mode-trends tragen. Unterdrücken Sie den Drang, das zu kaufen, was von Ver-käufern als »neuster Schrei« angepriesen wird. Genau diese Kleider und Kostüme werden auf jedem Preisniveau kopiert und landen schließlich im Kleiderschrank jedes dritten Mädchens im Büro.

Wenn alle anderen weiblichen Angestellten das Haar hochgesteckt oder toupiert oder glatt auf die Schultern fallend tragen – genau das ist der Zeitpunkt, an dem Sie einen neuen Look anstreben sollten, der Sie von den anderen unterscheidet. Wenn der neuste Make-up-Trend nach Rehaugen oder zwei Paar Wimpern oder blassen Lippen oder eingefallenen Wangen verlangt, widerstehen Sie, unterlassen Sie es und seien Sie *Sie selbst*. Schminken Sie sich so, wie es für Sie am vorteilhaftesten ist, während alle anderen im Büro im Einheitslook herumlaufen.

Es besteht stets ein subtiler Unterschied zwischen Führenden und Geführten. Wenn Ihre Energie und Ihre Führungsqualitäten Sie vorn in der Parade platzieren, tragen Sie nicht die Uniform eines einfachen Soldaten.

Nun kommen wir zu einigen Ratschlägen für Jobjägerinnen und Karrierebewusste. Ein gutes Kochbuch mag in der Lage sein, ein festgelegtes Rezept für ein Salatdressing anzugeben, doch es gibt keine abgemessenen Zutaten für das Erfolgs-Dressing. In vielen Fällen müssen Sie experimentieren. Versuchen Sie es, kosten Sie davon, fügen Sie etwas hinzu, nehmen Sie ein wenig fort und verändern Sie es, bis es stimmt.

Eine Regel gibt es jedoch, die niemals missachtet werden darf. Sie lautet ganz einfach: »Halten Sie Ordnung.« Organisieren Sie zunächst Ihre *Anschaffungen*. Lassen Sie sich nicht von diesem süßen kleinen orangefarbenen Kleid verführen, wenn Sie weder Schuhe, Tasche, Handschuhe noch Hut haben, die dazu passen, es sei denn, Sie können sich für jedes Outfit ein komplettes Set Accessoires leisten. Arbeiten Sie Ihr Farbschema sorgfältig aus, bevor Sie einkaufen gehen, damit Ihre Accessoires sich austauschen lassen und jedes Outfit, das Sie tragen, von Kopf bis Fuß ein vollständiges Bild abgibt.

Als Zweites organisieren Sie *sich selbst* für die Aktivitäten, die jeder Tag mit sich bringt. Es dauert nur ein paar Minuten jeden Abend, doch häufig macht es den Unterschied zwischen zusammengewürfelter Nachlässigkeit und einem perfekten Look aus. Wenn Sie sich morgens wild durch den Kleiderschrank wühlen, wahllos Dinge herausziehen und sich anziehen, als stünde Ihr Haus in Flammen, erreichen Sie damit nichts außer einem Anstieg Ihres Blutdrucks. Und wo wir gerade von einem brennenden Haus sprechen: Haben Sie jemals von einem Feuerwehrmann gehört, der sich seine Kleidung nicht zurechtlegt, bevor er zu Bett geht? Dann muss er nur noch hineinspringen und die Stange hinuntergleiten. Vielleicht werden Sie seine Geschwindigkeit nicht erreichen, doch Sie können jeden Morgen ruhig, entspannt, gesammelt und *pünktlich* im Büro erscheinen. Übrigens eine gute Methode, um nicht gefeuert zu werden.

Wie gehen Sie es also an? Zunächst einmal überlegen Sie, was Sie am nächsten Tag vorhaben. Die Arbeit kommt natürlich vor dem Vergnügen, aber denken Sie auch an Ihre Verabredungen zum Lunch, zum Cocktail und zum Dinner, wenn Sie welche haben. Wählen Sie ein Basis-Kleid oder -Kostüm, das zu allen drei Gelegenheiten passt. Legen Sie Ihre Schuhe, Ihre Handtasche, Ihre Strümpfe, Ihren Schmuck und Ihre Handschuhe bereit – alles, was Sie fürs Büro benötigen.

Sind Sie sich nicht ganz sicher, was den Sitz des Kostüms oder die Länge des Rocks angeht, probieren Sie es an. Besser, Sie tauschen das Outfit am Vorabend aus, als am nächsten Morgen ganz von vorn beginnen zu müssen.

Wenn Sie für diesen Tag Feierabendpläne haben, suchen Sie etwas aus, das sowohl ins Büro passt als auch für Ihre Verabredung fein gemacht werden kann. Es ist erstaunlich, wie eine zartere Bluse und hübscher Schmuck ein einfaches Kostüm verwandeln können. Nehmen Sie noch ein Paar elegantere Handschuhe und einen schicken Hut mit und schon sind Sie bereit. Die zusätzlichen Kleidungsstücke passen allesamt in Ihre Hutschachtel oder Tragetasche, sodass Sie nach fünf Uhr den Glamour anknipsen können.

ERFOLGSFORMEL FÜR DIE RICHTIGE KLEIDUNG, UM DEN JOB ZU BEKOMMEN UND DARIN AUFZUSTEIGEN

1. Entscheiden Sie, welche Art von Job Sie wirklich wollen, und bereiten Sie sich darauf vor.

2. Finden Sie heraus, ob Sie dafür qualifiziert sind. Wenn nicht, sehen Sie sich nach einem um, den Sie bewältigen können.

3. Bringen Sie das äußere Erscheinungbild des Jobs in Erfahrung – wie Frauen in diesem Berufsfeld oder dieser Firma aussehen und gekleidet sind. Fragen Sie jemanden, der dort arbeitet. Kennen Sie niemanden, gehen Sie zur Mittagszeit oder um fünf Uhr nachmittags hin und beobachten Sie die Frauen, die das Gebäude verlassen. Machen Sie den allgemeinen Look der Angestellten aus.

4. Kleiden Sie sich für Ihr Vorstellungsgespräch sorgfältig dem von Ihnen herausgefundenen Akzeptanz-Look entsprechend.

5. Ganz wichtig, seien Sie stets gepflegt und sehen Sie aus wie ein Mädchen oder eine Frau, die ein Gewinn für die Firma wäre. Und dann leisten Sie gute Arbeit!

2.

Die richtige Kleidung, um sich einen Mann zu angeln ... und ihn zu behalten

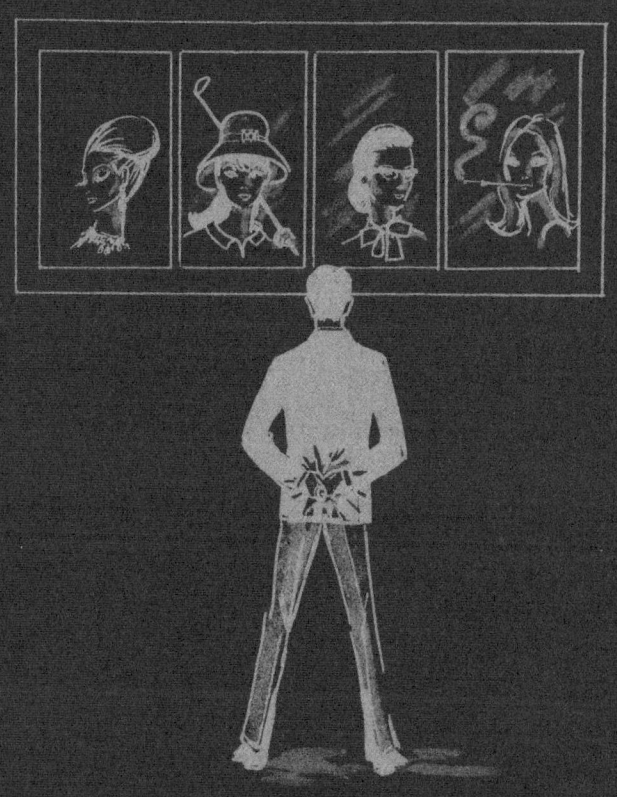

2. Die richtige Kleidung, um sich einen Mann zu angeln ... und ihn zu behalten

Der Inhalt dieses Kapitels mag ein Schock für alle Frauen sein, die glauben, je weniger sie auf der Jagd nach einem Mann tragen, desto besser. Ihnen können wir nur sagen, dass Jungs zwar nach den Reizen der nackten Venus in Kunstgalerien, Nachtklubs und in bestimmten Magazinen schielen und ihnen Beifall spenden, dass sie jedoch am Ende ausnahmslos die angezogenen Mädchen heiraten, und nicht die anzüglichen. Der Mann ist von Natur aus ein besitzergreifendes Tier und möchte seine weibliche Beute nicht mit dem Wolfsrudel teilen. So veraltet es in unserer freien Gesellschaft auch wirken mag, in der es von schulterfreien Badeanzügen, den Hintern präsentierenden Hosen und weit über dem Knie endenden Rocksäumen nur so wimmelt, erschaudern die meisten Männer bei der Vorstellung ihrer Ehefrau als Stripperin – zumindest außerhalb des eigenen Schlafzimmers.

Wenn Sie sich auf die Startrampe begeben, die auf das große Abenteuer der Ehe ausgerichtet ist, bleiben Sie bitte realistisch und steuern Sie ein Ziel an, das in Ihrer Reichweite liegt. Sich in einen Mann zu verlieben, der so berühmt, so reich oder so gut aussehend ist, dass Sie ihn aller Wahrscheinlichkeit nach niemals kennenlernen werden, ist ein sicheres Rezept für ein gebrochenes Herz. Selbst wenn Sie es schaffen sollten, sich in die Umlaufbahn eines solchen Musterknaben zu bugsieren, vergessen Sie nicht die Schwierigkeit, mit ihm Schritt zu halten, während Sie die Konkurrenz abschütteln. Sehen Sie sich überall in Ihrer Umgebung nach einem Mann zum Heiraten um, statt nur in die Sterne zu blicken. Zählen Sie die verfügbaren Männer, die Sie täglich sehen – im Büro, in der Kirche, am Bahnhof, auf der Eislaufbahn, im Country Club oder am Strand. *Einer von ihnen könnte genau der richtige für Sie sein*. Fragen Sie sich, ob Sie sich mit Ihrer Kleidung jeden Tag der Herausforderung stellen, attraktiv für ihn zu sein.

Auch wenn jede Frau schon von irgendeiner Tante den oft wiederholten Satz gehört hat, alle Männer seien gleich, möchten wir Sie bitten, die Suche nach Ihrem Ehemann damit zu beginnen, dass Sie diese Vorstellung augenblicklich vergessen. Das Einzige, worin sich alle heiratswürdigen Männer ähneln (unabhängig von Größe, Statur, Persönlichkeit oder finanzieller Lage), ist ihr Wunsch, ihre Führungsrolle zu behalten und den Altar zu meiden, während eine Frau oder wahrscheinlich gleich mehrere hinter ihnen her sind. Männer, liebe Leserin, sind äußerst begehrt. Statistiken belegen, dass (1) Frauen sie um mindestens drei Jahre überleben, wodurch immer mehr eifrige Witwen zurückbleiben, die zur bereits beträchtlichen Menge männerhungriger Frauen stoßen, und (2) es in den Vereinigten Staaten 3.617.545 mehr alleinstehende Frauen als Männer gibt (als Single, getrennt lebend, geschieden oder verwitwet). (In Australien ist es genau andersherum, falls Sie dorthin auswandern möchten.)

Die erste Begegnung

Bevor wir Ihnen erklären, wie Sie sich kleiden sollten, um sich einen Mann zu angeln, müssen wir natürlich davon ausgehen, dass Sie bereits einen ins Auge gefasst haben – einen Mann, den Sie gern heiraten würden.

Wenn Sie diesen Mann nicht kennen oder ihm noch nicht begegnet sind, verhalten Sie sich wie ein Jäger. Gehen Sie dahin, wo Ihre Beute ist! Wir haben schon viele traurige Geschichten über alleinstehende Frauen gehört, die teure Kreuzfahrten zu romantischen Orten unternahmen, nur um sich mit sechshundert anderen unglücklichen Damen auf einem Boot wiederzufinden, die alle um die Aufmerksamkeit der drei völlig überforderten Junggesellen an Bord wetteiferten. Einer dieser Junggesellen vertraute mir hinterher an, in diesem Gedränge sei seine Titelmelodie *Good Night, A Thousand Good Nights* gewesen.

Auch haben wir die klagenden Mädchen zutiefst bedauert, die ihre Ersparnisse eines ganzen Jahres in elegante Urlaubsorte investierten, an denen es zehnmal so viele Jägerinnen wie Objekte der Begierde gab. Wir haben einen ganz praktischen Rat an all diese Frauen. Wenn Sie in Ihrer eigenen Stadt einfach keine Männer kennenlernen, packen Sie Ihre Urlaubsgarderobe und mieten Sie sich ein Zimmer in einem Tagungshotel. Suchen Sie sich eine Tagung aus, bei der Sie mit großer Wahrscheinlichkeit auf die Art von Mann treffen werden, die Ihnen gefallen könnte. Banker, Anwälte, Ärzte, Zahnärzte, Installateure, Drucker, Verleger und Werber besuchen alle zu Hunderten ihre jeweiligen Tagungen.

Sagt Ihnen dieser Plan nicht zu, könnten Sie versuchen, Ihren Urlaub damit zu verbringen, in einem Zug oder einem Flugzeug zwischen zwei Orten hin und her zu reisen, die von Geschäftsmännern häufig besucht werden. Beispielsweise könnten Sie jeden Direktflug zwischen New York, Chicago, Los Angeles oder San Francisco nehmen. Mit dem Zug könnten Sie es auf der Strecke von New York nach Boston probieren. Bevor Sie jedoch zu solch drastischen Maßnahmen greifen, ziehen Sie die naheliegenden Möglichkeiten in Betracht. Leben Sie in der Nähe einer Universität? Belegen Sie Abendkurse. Spielen Sie Karten? Werden Sie Mitglied in einem Verein oder gehen Sie zu Bridge-Abenden. Tanzen Sie gern? Nehmen Sie ein paar Tanzstunden in einem großen Studio. Mögen Sie Sport? Gehen Sie Ihrem Interesse nach, indem Sie sich *aktiv* darin betätigen. Schlittschuhlaufen, Skifahren, Tennis, Golf, Bogenschießen oder jeder andere Sport kann dafür sorgen, dass Sie in mehr als nur einer Hinsicht »mitspielen«.

Es versteht sich von selbst, dass das, was Sie bei all diesen Betätigungen tragen, von äußerster Wichtigkeit ist, wenn es darum geht, bei der Begegnung die Funken fliegen zu lassen. Auf Reisen muss Ihr Outfit makellos sein, Ihr Gepäck ins Auge fallen und Ihre Lektüre sorgfältig ausgewählt sein, um zu einem Gespräch einzuladen.

Lassen Sie Ihren Sitznachbarn unter keinen Umständen sehen, dass Sie dieses Kapitel lesen!

Wenn Sie Ihren Lieblingssport treiben, stellen Sie sicher, dass Sie in Ihrer Kleidung auf dem Tennisplatz, der Eislaufbahn, dem Golfplatz oder der Skipiste eine gute Figur machen.

»Aber«, mögen Sie nun einwenden, »warum sollte irgendein Mann mich kennenlernen wollen? Ich bin keine Schönheit und einfach nicht der Typ, nach dem sich Männer umdrehen.« Unsere Antwort darauf lautet schlicht und einfach, dass nur sehr wenige Frauen sensationell gut aussehen. Wenn Sie dafür sorgen, dass Sie ein *interessanter Anblick* und eine *interessante Gesellschaft* sind, dann wird Ihre Attraktivität auf das andere Geschlecht mehr als nur befriedigend sein.

Auf Partys und Filmpremieren, die von Hollywoodstars besucht werden, sind die Anwesenden häufig schockiert, wenn Sie die Ehefrauen unserer bestaussehenden männlichen Filmstars zu Gesicht bekommen. Diese Männer, die ständig mit Frauen zusammenarbeiten, die den Inbegriff von Glamour darstellen, heiraten sehr oft ganz gewöhnlich aussehende Mädchen. Uneingeweihte neigen nun dazu, zu fragen: »Wie um alles in der Welt ist *sie* bloß an *ihn* herangekommen?«

Ich kann es Ihnen sagen, weil ich es weiß. Sie hat ihn mehr *interessiert* als andere Frauen.

Haben Sie jemals analysiert, was die interessantesten Menschen, die Sie kennen, so interessant macht? Wahrscheinlich ist es die Tatsache, dass sie sich für *Sie interessieren*. Dasselbe Prinzip funktioniert auch in Bezug auf Männer. Die faszinierendste Frau der Welt ist für jeden Mann diejenige, die sich wirklich und wahrhaftig für *ihn* interessiert.

Natürlich können Sie einem Mann erst dann wirklich zeigen, wie interessiert Sie an ihm sind, wenn Sie etwas über ihn wissen. Das ist der zweite Schritt, nachdem Sie ihm erst einmal begegnet sind.

Ihn kennenlernen

Sie haben Ihr Beutetier nun ausgemacht, Diana, und Sie möchten es lebendig einfangen – mit einem Verlobungsring in seiner Pfote. Mit welchem Köder können Sie ihn dazu bringen, Ihnen bis ans Ende der Welt zu folgen oder Sie zu den Klängen des Hochzeitsmarsches aus Wagners

Lohengrin zum Altar zu führen? Lernen Sie ihn kennen, erfahren Sie alles über ihn, wie es in einem der herrlichen Lieder aus *Der König und ich* so treffend heißt. Locken Sie ihn aus der Reserve; erkunden Sie seine Interessen, Eigenheiten, Vorlieben und Abneigungen. Versuchen Sie, wenn möglich, herauszufinden, wer seine Lieblingsschauspielerinnen in Film, Fernsehen und Theater sind. Das kann Ihnen einen Hinweis darauf geben, welchen Typ er bevorzugt. Fragen Sie ihn, weshalb ihm diese Stars gefallen. Ist es ihr Aussehen, ihre Art zu reden, ihre Rollenauswahl? Allein durch Zuhören werden Sie eine Menge über diesen Mann lernen. Beachten Sie jedoch, dass eine zu aggressive Herangehensweise und zu viele direkte Fragen ihn verschrecken könnten. Bleiben Sie also um jeden Preis subtil. Seien Sie *interessiert*, nicht neugierig.

So viel zur Psychologie der ersten Begegnung. Nun widmen wir uns dem ersten Date – das unvermeidlich auf eine erfolgreiche Begegnung folgt. Hierbei ist Ihre Kleidung von noch größerer Bedeutung.

Wenn er Ihnen genau sagt, wohin er Sie ausführen wird, ist die Lösung des Rätsels, was Sie tragen sollen, recht einfach. Wissen Sie, dass er Logenplätze für ein vielgepriesenes Konzert, eine Oper oder ein Ballett hat, liegen Sie mit Ihrem hübschesten kurzen Abendkleid, weißen Samthandschuhen und Ihrem elegantesten Schmuck richtig.

Aber nehmen wir an, er lädt Sie lediglich für Samstagabend zum Essen ein. Sie können ihn nicht fragen, wohin oder wie viel Geld er auszugeben plant. Sie wissen wahrscheinlich noch nicht einmal, wie viel Geld er hat. Hier ist Ihr Urteilsvermögen gefragt. Tragen Sie Ihr hübschestes kurzes Abendkleid, obwohl er Sie nur in ein kleines, günstiges Familienrestaurant ausführen wollte, wird eine dieser beiden Möglichkeiten eintreten: (1) Sie werden sich während des gesamten Abendessens furchtbar unwohl fühlen und keine unterhaltsame Gesellschaft sein oder (2) er wird seine ursprünglichen Pläne ändern und Sie an einen Ort bringen, der besser zu Ihrer Aufmachung passt. In diesem Fall wird er denken, dass Ihr Geschmack zu erlesen für sein Bankkonto ist. In beiden Szenarien wird Ihr erstes Date vermutlich auch Ihr einziges bleiben.

Bedenken Sie jedoch all diese Möglichkeiten, bevor Sie sich für dieses erste Date kleiden, können Sie für fast jeden Fall perfekt angezogen sein. Das nennt man auf Nummer sicher gehen. Wählen Sie ein schlichtes Kleid aus Ihrer Garderobe, das sich schicker oder einfacher kombinieren lässt. Schmücken Sie es mit hübschem, aber nicht üppigem Schmuck. Erwähnt er, wenn er Sie abholen kommt, dass Sie an einen Ort mit Musik und Tanz gehen werden, können Sie Ihren Schmuck austauschen – setzen Sie einen kleinen Ausgehhut oder eine andere hübsche Kopfbedeckung auf und ziehen Sie Ihren festlichsten Mantel oder Pelz über. Wenn er verrät, dass Sie lediglich ins Kino gehen, lassen Sie all das bleiben und tragen Sie Ihren Alltagsmantel zusammen mit einem farbenfrohen, raffinierten Schal.

Doch was, wenn er Sie direkt vom Büro abholt und Sie keinen Schimmer haben, wohin Sie gehen werden? Sollten Sie dieses hübsche halb-schicke dunkle Kleid ins Büro anziehen und dieselbe Strategie verfolgen? Ganz und gar nicht. In einem solchen Fall gibt es nichts Besseres als ein zartes Kostüm mit hochgeknöpfter Jacke in einer schmeichelhaften, femininen Farbe wie Hellblau, Beige, Grau oder Rosa. Mit dem Jäckchen sind Sie gut gekleidet fürs Geschäft, aber darunter verbirgt sich der Glamour, den Sie bei Bedarf auspacken können, in Gestalt einer hübschen schicken Bluse – ärmellos, wenn Sie attraktive Arme haben, ansonsten mit kurzen Ärmelchen. Tragen Sie eine edelsteinbesetzte Brosche oder Kette und Ohrringe in Ihrer Handtasche mit sich. Wird es ein großer Abend (eine Party, ein vornehmes Candle-Light-Dinner oder ein Nachtklub), herunter mit der Jacke und her mit den Juwelen. Wird es nichts Interessanteres als ein Hamburger mit Pommes frites, öffnen Sie nicht einen einzigen Knopf Ihrer Jacke und bewahren Sie Ihren Schmuck unter Verschluss!

In jedem Fall haben Sie es geschafft – und sind mit Sicherheit auf dem Weg zu einer weiteren Verabredung.

Aber seien wir ehrlich, ein zartes dunkles Kleid und ein zartes pastellfarbenes Kostüm machen noch keine Garderobe. Sie stellen lediglich die

Grundausrüstung dar, die in den Kleiderschrank jeder Frau gehört. Der Aufbau der richtigen Garderobe für jede Gelegenheit auf Ihrer Großwildjagd nach einem Ehemann hängt vom betreffenden Mann ab. Männer lassen sich rasch in fünf Kategorien oder Typen einsortieren. Wenn Sie Ihre Hausaufgaben gemacht und alles über ihn herausgefunden haben, können Sie leicht entscheiden, welcher Gruppe Ihr Exemplar angehört, und sich dann entsprechend kleiden. Statt planlos wie im Rausch eine Menge neuer Kleider zu kaufen, denken Sie an *ihn*, während Sie durch die Läden ziehen. Kommen wir also zur Sache und reden wir über *ihn*. (Denken Sie daran: Er *liebt* es, wenn Sie das tun.)

Ist er der Outdoor- oder der sportliche Typ?

Ob er in diese Kategorie passt, werden Sie bei Ihrer Begegnung mühelos herausfinden. Der sportliche Typ muss kaum dazu ermuntert werden, sich über seinen Lieblingssport auszulassen. Glauben Sie aber nicht, schon alles über ihn zu wissen, nur weil er versessen auf Arnold Palmer oder die Yankees ist. Es bestehen feine, aber äußerst wichtige Unterschiede zwischen Sportliebhabern, die ein Mädchen, das ihnen gefallen möchte, leicht in die Irre führen können.

Beispielsweise gibt es den aktiven Sportler und den Sportbetrachter.

Nehmen wir uns zuerst den aktiven Sportler vor, im Gegensatz zu jemandem, der lediglich Sportereignisse verfolgt. Sagen wir, Ihr Mann spielt leidenschaftlich gern Tennis. Er wirkt im Gespräch so verzückt davon, dass Sie den Eindruck bekommen mögen, Sie bräuchten sich nur einen Schläger und ein paar Tennisschuhe zu kaufen, um ihn glauben zu lassen, Sie seien Margaret Smith. Haben Sie jedoch zwei linke Füße auf dem Tennisplatz und Ihre Bälle prallen wie Knetmasse auf, spielen Sie um Gottes willen *niemals* Tennis mit ihm! Seien Sie stattdessen eine wunderbare Zuschauerin und ziehen Sie sich auch so an. Legen Sie sich ein paar hübsche Outfits für die Zuschauertribüne zu – frisch, kess und adrett – und lernen Sie alles über Tennis und Tennispersönlichkeiten. Besser, Sie können gut über das Spiel reden, als es schlecht zu spielen.

Wenn Ihr Mann stattdessen gern auf die Entenjagd geht, rennen Sie nicht los, um sich ein Gewehr, einen Regenumhang und Gummistiefel zu besorgen, ehe Sie wissen, was für eine Art von *Frau* ihm gefällt. Einige der robustesten Jäger in unserem Bekanntenkreis können mit Frauen, die mit ihnen wetteifern, überhaupt nichts anfangen.

Wenn er zu dieser Sorte Mann gehört, sind Frauen für ihn Tabu auf Angelausflügen, haben nichts auf dem Golfplatz verloren und sind auf der Bärenjagd nur überflüssiger Ballast. Er gehört zu den starken Männern, die ihre Frauen gern schwach haben. Er möchte mit den Jungs jagen gehen und danach zu einer kleinen Frau nach Hause zurückkehren, die dort auf ihn wartet und mit großen Ohren allen Details darüber lauscht, wie er diesen Schwertfisch geangelt, jenes Loch mit dem ersten Schlag getroffen oder jenen Grizzlybären verfolgt hat. Solche Männer wünschen sich *feminine* Frauen, die nur dann Hosen tragen dürfen, wenn es sich um sexy »Hostess Pajamas« handelt.

Natürlich gibt es auch aktive Sportler, die sich wünschen, dass ihre Frau sich in der Sportart ihrer Wahl hervortut und ihnen stets als Spielgefährtin zur Verfügung steht. Wenn Ihr Mann zu dieser Sorte gehört, treffen Sie besser eine Entscheidung. Sagen wir, das Skifahren ist seine große Leidenschaft, Sie aber leiden unter Höhenangst. Entweder müssen Sie diese Angst nun überwinden oder Sie werden jedes Wochenende allein verbringen.

Wenn er jeden Samstag 27 Löcher Golf spielen möchte, Ihre Bälle aber nie weit kommen, entscheiden Sie sich. Entweder Sie quälen sich mit einem Lächeln auf dem Gesicht über diesen Platz oder Sie riskieren es, diesen Mann zu verlieren. (Es heißt, Laufen sei heilsam für geschundene Füße, also haben Sie am Ende womöglich gute Füße *und* einen guten Ehemann.)

Sind Sie interessiert genug sowohl an dem Mann als auch an seinem Sport, befinden Sie sich bereits auf dem besten Weg zum Erfolg. Aber es kommt auch auf die richtige Garderobe an. Wenn ein Mann seinen Sport ernst nimmt, weiß er, dass die richtige Kleidung nicht nur als Statussymbol zählt, sondern auch als Teil der Ausrüstung, um Leistung erbringen zu können wie ein Profi. Diese Sorte Mann wird die falschen Golfschuhe, unzeitgemäße Skihosen, billige Reitstiefel oder ein schlecht sitzendes Eislaufkostüm sofort erkennen. Seine Sportkleidung ist stets auf dem neusten Stand und dasselbe wird er auch von Ihnen erwarten. Wenn Sie sich nicht sicher sind, was Sie in seiner Gegenwart tragen sollen, suchen Sie ein gutes Geschäft auf, das sich auf aktive Sportmode spezialisiert hat, und finden Sie es heraus. Gibt es in Ihrer Nähe keinen solchen Laden, schreiben Sie Abercrombie & Fitch in New York an. Sie werden dort exzellenten Rat und eine Garderobe erhalten, die eines Profisportlers würdig ist. Und sobald Sie wissen, welche Sportarten er favorisiert, abonnieren Sie Zeitschriften, die Sie über dieses Gebiet auf dem Laufenden halten.

Auf der anderen Seite der sportlichen Medaille befinden sich all jene Männer, die eine bestimmte Sportart verfolgen, ohne sie aktiv zu praktizieren. Sie sind die Baseball-Fans, die Hockey-Anhänger, die Football-Fanatiker, die Polo-Verrückten, die Box-Liebhaber, die Bowling-, Basketball- und Rennsport-Verehrer. Sie kennen die Namen aller Spieler aus allen Teams, und wehe der Frau (oder auch dem Mann), die seinen Enthusiasmus für seine Lieblingssportart nicht teilt. Um diese Art von sportlichem Typ anzuziehen, gehören die Sportseiten Ihrer Tageszeitung von nun an zu Ihrer Pflichtlektüre. Wenn Sie sich auf solch einen Mann einlassen, machen Sie sich darauf gefasst, Abende und Wochenenden damit zu verbringen, seinen Sport im Fernsehen oder live zu verfolgen. Schaut er sich die Spiele nur vor dem Fernseher an, sehen Sie einfach hübsch aus und halten Sie den Mund. Muss er aber jedes Spiel vor Ort miterleben, können Sie davon ausgehen, dass er die richtige Zuschauer-Garderobe besitzt (Freizeithosen, Tweedsakkos, schicke Sporthemden und Pullover), erscheinen Sie also nicht in der falschen Kleidung im Stadion. Konzentrieren Sie sich auf gute, zwanglose und sportliche Einzelteile, bequeme Schuhe, gute Lederhandtaschen und bunte Tücher und Sie beide werden das perfekte Paar abgeben.

Wenn er Football-Fan ist, müssen Sie sich zuallererst einmal warm anziehen! Für den robusten Football-Enthusiasten gibt es nichts Abstoßenderes als eine zitternde, klagende Frau an seiner Seite, deren einziger Kommentar zum Spiel ist: »Ich erfriere!« Tragen Sie mehrere Schichten – Sie können immer einen Pullover, Socken oder Stiefel ausziehen, wenn die Temperaturen ansteigen, aber erwarten Sie nicht, dass er Sie zum Aufwärmen in den Arm nimmt, wenn er gerade ganz von einem Vorwärtspass in Beschlag genommen ist.

Für *jedes* Sportereignis, sei es Pferderennen, Football, Hockey, Tennis, Polo oder Tischtennis, gilt: Wenn die Menge jubelt und Sie ihn fragen, was gerade passiert sei, ist Ihre Romanze beendet. Wenn Ihnen nicht klar ist, was vor sich geht, bleiben Sie einfach still – außer er jubelt. In dem Fall jubeln Sie mit.

Nun wenden wir uns einem anderen Typus zu – dem *kultivierten Lebemann*. Er ist meilenweit vom sportlichen Typen entfernt und stattdessen ein Mann mit vielfältigen Interessen. Er weiß in jedem Bereich, was gerade angesagt ist, von den neusten Tanzschritten bis zu den hippsten Musikshows. Er hat den Bestseller des Monats gelesen und kennt die Oberkellner in den besten Restaurants der Stadt. Er ist stolz auf seinen guten Geschmack und er ist ein Perfektionist. Er ist stets wortgewandt und ein unterhaltsamer Gesprächspartner. Das bedeutet, dass Sie unbedingt gut zuhören müssen. Glauben Sie aber nicht, dass bewundernde Stummheit auf Dauer genügen wird, denn von Zeit zu Zeit erwartet er auch einen intelligenten Kommentar von Ihnen. Und wie alle Männer fühlt er sich zu Frauen hingezogen, die sich für dieselben Dinge begeistern wie er.

Da seine Interessen so vielfältig sind, haben Sie bei diesem Typ Mann mehr Hausaufgaben zu erledigen als bei den meisten anderen. Wenn Sie regelmäßig eins oder mehrere der wöchentlichen Nachrichtenmagazine lesen, bleiben Sie auf dem neusten Stand über viele seiner Interessen: Bücher, Persönlichkeiten, Theaterstücke, Mode, Politik. Sind Sie keine passionierte Romanleserin, studieren Sie zumindest die Buchrezensionen, damit Sie, wenn er Sie nach Ihrer Meinung über Auchincloss und Bellow fragt, nicht antworten mit: »Meinen Sie die Anwälte?«

Fängt er an, über ein Buch oder ein Theaterstück zu reden, das Sie nicht gelesen oder gesehen haben, behaupten Sie *auf keinen Fall*, Sie würden es kennen! Wenn er Sie dann fragt, mit welcher Figur Sie sich identifizieren konnten und ob Sie der Sichtweise zustimmen, die am Ende zum Ausdruck kommt, werden Ihre Antworten Sie höchstwahrscheinlich als Hochstaplerin entlarven. Seien Sie also ehrlich; sagen Sie ihm, dass Sie es nicht gelesen haben, aber gern mehr von ihm darüber hören würden. Er wird sich nicht nur geschmeichelt fühlen, sondern Ihnen auch mit Vergnügen seine Zusammenfassung liefern.

Wie der sportliche teilt sich auch dieser Typ Mann, gleich einer Amöbe, in zwei ausgeprägte Subtypen auf: (a) der Superkultivierte und (b) der Gesellige.

Subtypus A neigt in allen Belangen zu dezenter Eleganz und zeigt sich als Snob allem gegenüber, das zu laut oder bombastisch, zu schrill oder zu sehr *irgendetwas* ist. Um ihm zu gefallen, sollten Sie sich beim Anziehen diese drei Fragen stellen: Ist es chic? Ist es damenhaft? Weist es auf zurückhaltende Eleganz hin?

Führt er Sie zum Tanzen aus (was er mit Sicherheit tun wird), hat er nichts dagegen, wenn die Leute sich nach Ihnen umdrehen, weil Sie einfach fantastisch aussehen – aber wenn Ihre Erscheinung zu exzentrisch ist, wird er Sie rasch auf die dunkelste Ecke zusteuern.

Er bevorzugt dunkle oder zurückhaltende Farben, kleine Muster, luxuriöse Materialien und perfekt zusammengestellte Outfits. Ein bezauberndes Stück Modeschmuck auf einem vollkommen schlichten Kleid ist ihm lieber als ein überwältigendes Aufgebot an Armreifen, das Sie wie eine Blechmusikkapelle klingen lässt. Ihm entgeht nicht, wenn Sie Handschuhe aus Leder statt aus Stoff tragen, und er weiß die Tatsache zu schätzen, dass Sie ein hübsches Stofftaschentuch statt eines Päckchens Papiertaschentücher dabeihaben. Er ist ein stolzer Mann, der auch stolz auf seine Frauen sein möchte.

Zum richtigen Zeitpunkt das Richtige zu tragen, ist wichtiger für ihn als für die meisten anderen Männer, weil er sich besser damit auskennt, was das Richtige ist. Ein weniger Bewanderter mag den Unterschied zwischen einem Cocktail- und einem Abendkleid nicht erkennen, dieser Mann tut es. Und er wird Ihnen vorausschauend mitteilen, ob Sie sich auf einen Cocktail oder ein informelles Abendessen treffen. Wenn er sagt: »Es handelt sich um eine Black-Tie-Veranstaltung«, fragen Sie ihn nicht, ob Sie auf eine Beerdigung gehen.

Auch wenn er in den angesagtesten Kreisen verkehrt, wird er früher oder später erwarten, dass Sie *ihn* einladen. Halten Sie sich in dieser Situation vor Augen, dass er bereits von einigen der besten Jägerinnen der Stadt bewirtet wurde, da er schließlich ein äußerst begehrtes Geschöpf ist – ein *außergewöhnlicher* Mann. Wie Sie diese erste Einladung zu sich nach Hause handhaben, kann darüber entscheiden, ob Ihre Romanze in einem Triumph oder einer Katastrophe endet.

Die eingeladenen Gäste, die servierten Vorspeisen, die verwendeten Gläser und das geplante Menü werden von diesem Mann sorgfältig begutachtet, der (wie Sie hoffen) Ihre Qualifikation als mögliche Herrin seines zukünftigen Schlosses abschätzt. Er mag Ihre Tanzschritte bewundern, sich an Ihrem französischen Akzent erfreuen und ganz entzückt davon sein, wie Sie mit den Wimpern klimpern, doch wenn Sie sich als nutzlose Gastgeberin erweisen, wird ihn das augenblicklich und unwiderruflich ernüchtern.

Nehmen Sie sich für diese erste Einladung, bei der er Ihre Freunde treffen und sich ein Bild von Ihren Kochkünsten machen kann, also nicht mehr vor, als Sie bewältigen können. Beschränken Sie sich auf einen kleinen intimen Kreis aus höchstens sechs bis acht Personen, die sich für dieselben Dinge interessieren wie er (was nahezu alles einschließt). Ein Menü in Buffetform wird Ihnen die Arbeit erleichtern, falls Sie nicht gerade über einen Stab an Dienstmädchen verfügen oder für den Anlass gute Hilfskräfte angeheuert haben. Wählen Sie die Platten für den Abend im Voraus aus (leise Klaviermusik im Hintergrund) und servieren Sie keinen Champagner, wenn Sie nur Sherry-Gläser besitzen.

Was sollen Sie anziehen? Selbstverständlich etwas, das er noch nie zuvor gesehen hat. Sie stellen ihm bei dieser Gelegenheit Ihr häusliches Selbst vor – die Person, zu der er (wie Sie hoffen) bald jeden Abend voller Freude zurückkehren wird.

Ein langes Gastgeberinnenkleid in einer Farbe, die mit Ihrer Einrichtung verschmilzt, ist die perfekte Antwort, achten Sie jedoch darauf, dass Sie sich darin anmutig bewegen können, ohne die Getränke zu verschütten, über den Rock zu stolpern oder die Kerzen umzuwerfen. Denken Sie bei der Auswahl daran, wie beschäftigt Sie als Gastgeberin sein werden, greifen Sie also nicht zu einem Kleid mit langen engen Ärmeln und einem hohen Rollkragen, das Sie nach dem ersten Cocktail wie eine gedämpfte Muschel aussehen lässt. Bewahren Sie einen kühlen Kopf. Und so glamourös sie auch in den Anzeigen erscheinen mögen, verzichten Sie auf lange, baumelnde Halsketten, die beim Servieren plötzlich in der Salatschüssel hängen. Halten Sie sich auch daran, sich für alle drei Cocktails, die Sie Ihren Gästen servieren, selbst einen schwachen auf Eis zuzubereiten. Nichts verwandelt eine potenzielle Braut schneller in eine vorübergehende Laune als ein betrunkener Auftritt auf ihrer eigenen Party.

Nun zu Subtypus B in unserer Lebemann-Kategorie, dem *Geselligen*, manchmal auch als Partylöwe bekannt. Er ist nicht ganz so pingelig wie der Super-Kultivierte, was die richtige Sache und den richtigen Ort angeht. Er ist auf Spaß und Lacher aus. Er tanzt hemmungsloser, trinkt ein wenig mehr, lacht ein wenig lauter und arbeitet um vieles schneller als unser Freund Typ A. Er ist der komplett Extrovertierte, der das Gespräch den ganzen Abend am Laufen halten wird, ob Sie sich daran beteiligen oder nicht. Lachen Sie einfach über seine Witze und er wird Sie für wunderbar halten. Sein Frauengeschmack ist in jeder Hinsicht extravaganter. Wenn dies der Mann Ihrer Träume ist, ziehen Sie in Betracht, sich die Haare blond oder rot zu färben. Stapeln Sie Ihre Armreifen ruhig – er mag Lärm. Statt die elegantesten Kleider auszuwählen, um ihm zu gefallen, suchen Sie nach Teilen mit jungem Schwung wie kurzen, ausgestellten

Röcken, lebhaften, leuchtenden Farben und süßen, auffälligen Hüten. Er ist der ewige Junge, der nie alt werden will. Wenn er Sie in die Stadt ausführt, hüpfen Sie wahrscheinlich von einer Künstlerkneipe zu einem heißen Jazzfestival zu einem Folkmusikevent zu einer Bowlingbahn.

»Alles, was Spaß macht«, ist sein Motto, also ziehen Sie sich für ihn nicht an, als gehörten Sie in eine Vitrine. Zeigen Sie ihm, dass Sie genauso gern Spaß haben wir er, und tragen Sie Kleidung, die *jung* aussieht und sich auch so anfühlt.

»Ist er denn heiratswillig?«, mögen Sie nun fragen. (Stellen Sie diese Frage natürlich nur sich selbst, nicht *ihm*.) Nun, meine Liebe, so etwas gibt es überhaupt nicht! Er will genauso wenig heiraten wie jeder andere Mann auch. Aber wenn er mit Ihnen jedes Mal eine wunderbare Zeit hat, wird er bald seine *ganze* Zeit mit Ihnen verbringen wollen. Insbesondere, wenn Sie auch noch über seine Witze lachen, wenn er sie zum *zweiten* Mal erzählt.

Vom Partylöwen so weit entfernt wie eine Malzmilch von einem Martini ist Typ Nummer drei – der *zurückhaltende Konservative*. Ihn erkennen Sie an seiner ruhigen, unaufdringlichen Art, seiner sanften Stimme, seinen unifarbenen Halstüchern, seinen festen Überzeugungen und der erholsamen Tatsache, dass er Sie bei Ihrem ersten Date nicht anbaggert. Diesen Mann wird alles Unverhohlene oder Eindeutige in Ihrem Verhalten, Ihren Aussagen oder Ihrer Kleidung rasch zurück in die Ruhe seiner einsamen Wohnung und zu all den Segen des Junggesellenlebens treiben.

Eine konservative Garderobe wird das Herz dieses Mannes für Sie öffnen. Meiden Sie tiefe Ausschnitte, Strumpfwaren aus schwarzer Spitze, Röcke, die über dem Knie enden, eng anliegende Kleider und wilde Frisuren. Was Moderedakteurinnen als »Mod« bezeichnen, ist für ihn einfach wahnsinnig. Er möchte, dass Sie wie eine Lady aussehen, aber eher die schlichte Variante. Knallige Karos und gewagte Muster schockieren ihn ebenso sehr wie lautes Gelächter und schlüpfrige Scherze. Er mag unauffällige Kleidung, gedeckte Farben und Muster. Beschränken Sie sich auf Klassiker und Sie werden ihn glücklich machen.

Ist Ihr Wesen zu aufgeschlossen für solch einen Mann und würde sich für ihn zu kleiden Ihren Drang nach Ausdruck behindern, halten Sie nach Typ Nummer vier Ausschau – dem *Ober-Intellektuellen*. Was des Schüchternen Chloroform wäre, ist dieses Mannes Lebenselixier. Er trägt sein Haar lang und hat nichts dagegen, wenn Sie Ihres offen tragen. Avantgardistische Ideen und moderne Kunst erfreuen sein Auge – wenn Sie also hinter ihm her sind, stürzen Sie sich auf aufregende moderne Drucke, exotische Farbkombinationen, ungewöhnlichen handgemachten Schmuck und alles, was künstlerisch oder unkonventionell erscheint. Über Konservatismus in jeglicher Form kann er nur gähnen, seien Sie also nicht so spießig, für ihn konventionell aussehende Outfits zu wählen. Er mag Pop-Art, Op-Art, modernes Ballett – und die Mädchen, die mit ihm unterwegs sind, dürfen so ausgeflippt aussehen, wie sie wollen.

Typ Nummer fünf (unser aller Traummann) ist der *erfolgreiche Manager*, ein gemachter Mann. Wenn Sie das Glück hatten, sich an ein Exemplar dieser seltenen Spezies hängen zu können oder auch nur eins gesichtet zu haben, handeln Sie schnell. Sie können darauf wetten, dass auch massenhaft andere Frauen es auf ihn abgesehen haben. Was seine geschäftlichen Interessen auch sein mögen, er ist sicher nicht an seine Position gelangt, indem er nur Däumchen gedreht und darauf gewartet hat, dass etwas passiert. Er ist ein äußerst bestimmter Mann. Er weiß, was er mag und was nicht, und er trifft rasche Entscheidungen. Er hält tadellose Ordnung, ist extrem gut organisiert und kann schlampige, faule, unordentliche Frauen nicht ausstehen. Er wird von Ihnen erwarten, dass Sie stets makellos sind. Wenn Sie mit ihm verabredet sind, trödeln Sie nicht auf der Suche nach Ihren Schlüsseln, Ihrem Taschentuch, Ihren Handschuhen oder Ihrer Brille herum, während er auf Sie wartet. Kichern Sie nicht. Sitzen Sie gerade. Und *seien Sie pünktlich!*

Was Ihre Kleiderauswahl angeht, um einen solchen Mann anzulocken, sollte sie Luxus ohne Pomp zum Ausdruck bringen. Er achtet auf Qualität sowohl in Investitionen als auch in der Kleidung einer Frau. Verzichten Sie auf der Suche nach der richtigen Kleidung für seinen Geschmack auf Abwechslung und beschränken Sie sich auf die inneren Werte einiger erstklassiger Outfits, die Sie stolz überall hinbringen, wo er hinmöchte. Ein hinreißend geschnittenes Kostüm mit mehreren Blusen zum Austauschen wird viele Gelegenheiten abdecken. Dieser Mann hat lieber einen Mercedes Benz, den er sechs Jahre lang fährt, als sich jedes Jahr ein neues Auto zu kaufen. Genauso ist er auch gegenüber Kleidung eingestellt. Er wird Ihren guten Geschmack und Ihren gesunden Menschenverstand bewundern, wenn Sie sich ein einziges bezauberndes Outfit zulegen, statt zu vier kurzlebigen, günstigen zu greifen. Er wird erwarten, dass Sie sowohl zum Dinner in der Stadt als auch zum Cocktail im Country Club ohne lange Vorbereitungszeit perfekt gekleidet sind. Sagt er Ihnen um elf Uhr vormittags, er wolle Sie zum Mittagessen treffen, haben Sie besser das passende Outfit parat oder tragen es sogar bereits. Und wenn er Ihnen ins perlengeschmückte Ohr säuselt: »*Your* time is *my* time«, während er mit Ihnen über die Tanzfläche schwebt – dann meint er das wortwörtlich!

Wenn Sie so atemberaubend schön und sexy sind, dass dieser Mann (genau wie alle anderen) vor Verlangen nach Luft schnappt, sobald er Sie nur ansieht, dürfen Sie natürlich *alle* Regeln brechen – Verabredungen vorzeitig verlassen, zu spät erscheinen, Termine vergessen – und er wird Ihnen verzeihen. Aber sind Sie so unwiderstehlich? Und wenn ja, weshalb lesen Sie dann trotzdem dieses Buch?

Es gibt natürlich noch weitere Männertypen, mit denen Sie zu rechnen haben, doch diese werden sich weniger durch Ihre Kleidung beeindrucken lassen. Darunter sind (a) der *hungrige Mann*, dessen Hauptinteresse der Nahrungsaufnahme gilt. Alles, was Sie benötigen, um ihn zufriedenzustellen, sind eine gut gefüllte Speisekammer und ein Herd. Tragen Sie ruhig eine beliebige alte Schürze, solange Sie nur vernünftig kochen, wird er Ihnen schon einen Antrag machen; und (b) der *trinkende Mann*, dessen vier Martinis vor dem Lunch und weitere sechs vor dem Dinner es ihm nahezu unmöglich machen, überhaupt zu sehen, was Sie tragen. Bei ihm konzentrieren Sie sich einfach auf die Eiswürfel.

Nun, Sie sind Ihrem Mann also begegnet und haben ihn erobert. Nächster Schritt: die Flitterwochen.

Wie Sie diesen Ehemann halten

Während einer kürzlichen Bermuda-Reise war ich schockiert über das Verhalten einiger frischgebackener Bräute bei diesem idyllischsten aller Urlaube. Es war im Juni, wenn die Hotels und Strände von Paaren auf Hochzeitsreise nur so wimmeln. Von sehr wenigen Ausnahmen abgesehen, traten all die Bräute tagsüber mit ihrem Haar in Lockenwicklern auf. Wie sie so am Frühstückstisch saßen, Fahrrad fuhren, am Strand

Sich einen Mann angeln

picknickten oder die Sehenswürdigkeiten aufsuchten, hatte man den Eindruck, die Erde sei gerade von Marsmenschen erobert worden. Überall fand sich diese Auswahl an seltsamen, unattraktiven, riesenköpfigen, hässlichen Kreaturen – und ihre armen, zu früh leidenden Ehemänner sahen genauso verängstigt aus wie die eroberten Erdenmenschen, die sie waren. Zum Abendessen schlüpften dieselben Mädchen jedoch als strahlende Schmetterlinge aus ihren Kokons, mit sorgfältig frisiertem Haar und kunstvoll aufgetragenem Make-up, um am Arm ihres Liebsten auf den Tanzflächen der Hotels ihre Runden zu drehen. Dies war stets der einzige Zeitpunkt des Tages, an dem die Ehemänner gänzlich unbekümmert wirkten.

Wir fragten uns, welche Auswirkungen dieses seltsame neue Phänomen der Verrücktheit auf der Hochzeitsreise wohl haben mochte und ob es womöglich etwas mit der derzeitigen Scheidungsrate von drei von fünf Eheschließungen zu tun hatte. Wogen diese paar Stunden nächtlichen Glamours bei Kerzenschein (in den Augen der jungen Männer) die langen sonnenbeschienenen Tage auf, in denen sie ständig eine Ehefrau voller Altmetall anschauen mussten?

Jeder Mann, den Sie fragen, wird Ihnen sagen, dass er den Anblick einer Frau in Lockenwicklern verabscheut. Er mag nicht viele Worte darüber verlieren, aber er hegt auch eine instinktive Abneigung gegenüber ausgetretenen Pantoffeln neben dem Bett, über die Stuhllehne geworfenen, zerknitterten Morgenmänteln und die geschmacklose Zusammenstellung eines kurzen Morgenmantels über einem langen Nachthemd am Frühstückstisch. Ganz gleich, welche Art Mann er ist (der Konservative, der Sportliche, der Manager, wer auch immer), möchte er, dass seine Frau stets frisch, anmutig und begehrenswert erscheint. Ihm dieses Privileg zu versagen, ist so zerstörerisch für sein Ego, wie wenn Sie zu ihm sagen, Sie hätten Henry Klotz heiraten sollen, der nun einen Cadillac fährt.

Ob Sie nun eine frischgebackene Ehefrau oder mehrfache Mutter sind, es sollte für Sie eine Frage des Stolzes sein, wie Sie tagtäglich für Ihren Mann aussehen. Dank der heutigen pflegeleichten, bügelfreien

Mode ist es nicht mehr nötig, ein Nachthemd, einen Hausmantel oder ein Tageskleid so lange zu tragen, bis es und Sie selbst so aussehen, als habe man Sie durch die Mangel gedreht. Ganz gleich, wie viel Hausarbeit Sie selbst erledigen, können Sie vor Ihrem Ehepartner stets hübsch, ordentlich und frisch aussehen.

Sicher haben Sie schon Freundinnen über Ihre Ehemänner klagen gehört: »Wenn ich mir große Mühe gebe, mich ganz neu zurechtzumachen, dann bemerkt er es noch nicht einmal.« Nun, es ist gut möglich, dass er sie so selten »zurechtgemacht« zu Gesicht bekommt, dass er schon lange aufgehört hat, sie überhaupt noch wahrzunehmen. Er möchte sie nicht jeden Tag schlampig, schäbig, unordentlich und überarbeitet sehen, also schaut er sie einfach *gar nicht* mehr an. Er fürchtet nämlich, sein Vertrauen auf sein gutes Urteilsvermögen bei der Wahl seiner Angetrauten würde sonst zerstört werden.

Dies sind natürlich nur die Grundlagen dafür, einen Mann zu behalten, nachdem Sie ihn sich geangelt haben. Lassen Sie uns nun über die individuellen Fälle sprechen, darüber, wie Sie sich kleiden müssen, um *Ihren* Mann zu behalten. Bevor Sie ihn geheiratet haben, haben Sie sich die Mühe gemacht, alles über ihn herauszufinden, was für ein Typ er ist, was er mag und ablehnt, seine Hobbys, Interessen, Abneigungen und Schwächen. Werfen Sie diese wertvollen Informationen nicht sofort aus dem Fenster, sobald Sie vor den Altar getreten sind.

Haben Sie den sportlichen Typ geheiratet, drängen Sie ihn nicht, mit Ihnen ins Kino zu gehen, wenn er Golf spielen möchte, oder betteln, er möge Sie zum Tanzen ausführen, wenn im Fernsehen das Baseball-Finale übertragen wird.

Wenn Sie Ihren konservativen Ehemann mit ruhigem, gutem Benehmen und einem dezenten Modegeschmack an Land gezogen haben – verändern Sie nicht Ihre gesamte Persönlichkeit, sobald der Ring an Ihrem Finger steckt, indem Sie wilde Perlenvorhänge, orientalische Sitzkissen und exotische moderne Teppiche zur Einrichtung Ihres Liebesnestes erstehen. Wenn Sie das tun, wird er sich mit großer Wahrscheinlichkeit direkt in die Arme seiner Sekretärin flüchten. Sie können darauf wetten, dass diese konservativ ist, schließlich hat *er* sie ausgesucht!

Sie sollten nach der Hochzeit ebenso sorgfältig darauf achten, was Sie tragen, wie davor, damit dieser Mann glücklich und verliebt bleibt. Wenn Sie sich um ein Haus und Kinder zu kümmern haben, können Sie nicht immer aussehen, als würden Sie direkt aus den Seiten eines Modemagazins treten, aber Sie müssen auch nicht zulassen, dass Sie vor ihm aussehen, als hätte man Sie gerade aus einer Kanone geschossen.

Zur Selbsterhaltung und auch, um ihn zu halten, nehmen Sie sich vor dem Frühstück und bevor er nach Hause kommt stets ein wenig Zeit, um sich hübsch zu machen. Die Lockenwickler bleiben in seiner Anwesenheit in ihrem Versteck. Lippenstift und ein Spritzer Parfüm sind genauso wichtig wie Eier und Speck zum Frühstück, um ihm zu zeigen, was Sie können. Ein frisches, faltenfreies Kleid, das Sie zu seiner Rückkehr tragen, bewahrt Ihnen Ihre Würde und seine Gunst länger als der enorme Berg an Bügelwäsche, den Sie gerade abgetragen haben, wenn er zur Tür hereinkommt. Lassen Sie etwas davon für morgen stehen und bügeln Sie stattdessen sich selbst auf.

Männer sind größere Romantiker als Frauen. Während eine Frau an den Lammbraten im Ofen denkt, vergisst ein Mann alles außer seinem Lämmchen. Männer wollen mehr als nur Nahrung, sexuelle Befriedigung und Schlaf. Sie wünschen sich die Freude, die Aufregung und die Illusion von romantischer Liebe.

Ein Mann, der zu Hause keine Romantik finden, wird sich mit Sicherheit anderswo danach umsehen. Und was ist Romantik in weiblicher Form? Jede Frau, egal welchen Alters, deren Ehemann der Ansicht ist, dass sie *morgens* schon hinreißend anzusehen ist. Wenn Sie sich das zu Ihrem Ziel machen, sind Sie den glamourösesten Frauen der ganzen Welt überlegen. Schließlich weiß er nicht, wie *diese* um acht Uhr morgens aussehen!

ERFOLGSFORMEL FÜR DIE RICHTIGE KLEIDUNG, UM SICH EINEN EHEMANN ZU ANGELN UND IHN ZU HALTEN

1. Entscheiden Sie, was für einen Mann Sie wollen.

2. Finden Sie heraus, welche Art von Mädchen er mag.

3. Seien Sie sich bewusst, welche Art Mode er bevorzugt.

4. Verkleiden Sie sich nicht in Outfits, die Sie hassen, nur um attraktiv für einen Mann zu sein. Sie sollten sich sicher sein, dass Sie tief in Ihrem Inneren tatsächlich seinem Frauentyp entsprechen. Wenn nicht – finden Sie einen anderen Mann.

5. Bringen Sie so viel wie möglich über ihn in Erfahrung, seine Hobbys, seine Interessen, seine Vorlieben und Abneigungen.

6. Interessieren Sie sich für seine Interessen.

7. Wählen Sie Ihre Garderobe danach aus, was ihm gefällt und zu seinem Lebensstil passt.

8. Wenn Sie ihn einmal haben, bleiben Sie so, wie Sie vor der Hochzeit waren, und lassen Sie sich nicht gehen.

9. Seien Sie morgens ein halbwegs verlockender Anblick – und nachts umso mehr.

3.

Wie Sie Ihre Familie erfolgreich kleiden

3. Wie Sie Ihre Familie erfolgreich kleiden

Als Ehefrau und Mutter werden Sie nicht mehr allein danach beurteilt, was Sie selbst tragen, sondern auch, wie Ihr Ehemann und Ihre Kinder an allen Tagen der Woche, Sonntage inbegriffen, aussehen. Darin spiegelt sich sowohl Ihr Geschmack als auch Ihr Platz in der Gesellschaft wider. Es zeigt an, wie gut Sie sich kümmern, wie ordentlich Sie sind, wie hingebungsvoll Sie sich ihnen widmen und welche Zukunft Ihnen für Ihre Kinder vorschwebt. Eine Frau, die stets elegant frisiert, sorgfältig gekleidet und modisch zurechtgemacht ist, während ihr Mann und ihre Kinder aussehen wie die zwei Waisen im Sturm, verdient und bekommt auch nur wenig Anerkennung für ihre strahlende Erscheinung. Ihre egoistische Selbstverliebtheit wird sich wahrscheinlich als Bumerang herausstellen, indem sie das genaue Gegenteil von Dale Carnegies berühmtem Ziel, Freunde zu gewinnen und andere Menschen zu beeinflussen, bewirkt.

Selbst die vielbeschäftigtsten Filmstars finden die Zeit, um ihren Familien dabei zu helfen, sich besser zu kleiden. Greer Garson, Rosalind Russell, Elke Sommer und Anne Bancroft beteiligen sich alle an der Auswahl der Garderobe ihrer Ehemänner. Debbie Reynolds, Anne Baxter, Lucille Ball, Joanne Woodward und so viele andere, dass wir sie hier unmöglich alle nennen können, verbringen viele glückliche Stunden damit, mit ihren Kindern einkaufen zu gehen und ihre Garderobe zu planen.

Kleidung macht den Mann

Da Ihre ganze Familie vom Vorankommen Ihres Ehemannes abhängt, obliegt es Ihnen, dafür zu sorgen, dass er nicht nur gut, sondern stets passend für alle Gelegenheiten gekleidet ist, die sich in Ihrem gemeinsamen und getrennten Leben bieten. Manche Ehefrauen stecken viel Mühe in das Outfit, das ihr Ehemann auf einer Party präsentiert, zeigen aber keinerlei Interesse daran, was ihr Brotverdiener auf der Arbeit trägt.

Wenn Sie nicht nur Butter, sondern auch Kaviar auf Ihrem Brot wollen, sollten Sie sich besser der Tatsache stellen, dass Kleidung einen Mann zwar nicht ausmacht, dass sie aber eine wichtige Rolle dabei spielt, ihn die Leiter des Erfolgs hinaufzutragen in Richtung Anerkennung, Respekt und höheres Einkommen.

Statistiken belegen, dass etwa 85 Prozent der gesamten Herrenbekleidung, die in den Vereinigten Staaten erstanden wird, entweder von Frauen selbst oder zumindest von Frauen *beeinflusst* gekauft wird. Ob Sie nun losziehen und Ihrem Gatten Hemden, Socken, Krawatten, Unterwäsche und Pyjamas kaufen oder nicht, Sie können sein Aussehen stark beeinflussen. Ein Mann, der gut aussieht, macht schneller sein Glück als ein Mann, der nachlässig ausgewählte, unzureichend gebügelte oder schlecht aufeinander abgestimmte Kleidung trägt.

Ehemänner gibt es, genau wie Ehefrauen, natürlich in allen Formen und Größen. Und sie haben meist feste Kleidungsgewohnheiten, die in einer Zeit geprägt wurden, als Sie noch lange nicht im Spiel waren. Wenn Sie zu den glücklichen Damen gehören, die einen wahren Dapper Dan zum Ehemann haben, brauchen Sie sich nicht allzu sehr um seine Garderobe zu sorgen. Er interessiert sich für Kleidung, stellt sie sorgfältig zusammen, kauft regelmäßig ein und pflegt sie ordentlich. An seiner Seite müssen Sie wohl nur achtgeben, dass Sie mit ihm mithalten können und er nicht das Bekleidungsbudget der ganzen Familie für sich allein ausgibt.

Wenn Ihr Ehemann dagegen eher zur schludrigen Sorte gehört, haben Sie ein Problem. Er putzt sich nicht gern heraus und mag Kleidungsstücke eigentlich erst dann, wenn sie so lange getragen wurden, bis sie abgetragen sind. Ihn dazu zu bringen, etwas Neues zu kaufen oder anzuziehen, ist so schwer, wie ihn zu einem neuen Haarschnitt zu überreden. Wie die Psychiater zu sagen pflegen: »Dieser Mann braucht Hilfe.« Ihn auf die Therapeutencouch zu legen, ist allerdings keine Lösung. Ihn von der Couch im Wohnzimmer *herunterholen* zu müssen, wenn er gerade seinen besten, frisch gebügelten Anzug trägt, ist ein wiederkehrender Alptraum, dem Sie sich regelmäßig stellen müssen.

Diese Situation meistern Sie am besten, indem Sie die Verantwortung für seine Garderobe selbst in die Hand nehmen. Seine Gleichgültigkeit Kleidung gegenüber wird Ihnen dabei zugutekommen. Ihm ist es völlig egal – also lässt er gern jemand anders das Ruder übernehmen. Überprüfen Sie regelmäßig den Zustand seiner Kleidungsstücke, die er mit Vorliebe im ganzen Haus verstreut. Sorgen Sie dafür, dass sie gebügelt und makellos sauber sind und noch all ihre Knöpfe haben. Wenn er außer Haus ist, begutachten Sie seine Anzugsammlung und schauen Sie dann in der Kommodenschublade nach, was dazu passt. Sollten die Accessoires (Hemden, Krawatten und Socken) sich überhaupt nicht kombinieren lassen, werden Sie sie los und schaffen Sie nach und nach Ersatz an, der mit den Anzügen harmoniert. Wenn nötig, legen Sie ihm jeden Morgen die Kleidung zurecht, um sicherzugehen, dass alles zusammenpasst. Machen Sie ihm Komplimente, wenn er gut aussieht, und erinnern Sie ihn daran, wie blendend ihm bestimmte Farben stehen. Kaufen Sie ihm einen Herrendiener, auf dem sich seine Kleidung jeden Tag einfach heraushängen lässt. Wenn er ständig vergisst, seine Schuhe zu polieren, besorgen Sie ihm einen elektrischen Schuhputzer und bewahren Sie diesen so auf, dass er jeden Morgen darüber stolpert. Abonnieren Sie *Esquire* für ihn. Sagen Sie ihm, Sie seien davon überzeugt, dass er die Artikel und Reportagen lieben werde. Beim Durchblättern der Ausgaben wird er es dann gar nicht vermeiden können, sich auch die Modestrecken anzusehen.

Lesen Sie die Zeitschrift auch selbst und schlagen Sie Neuanschaffungen für seine Garderobe vor. Im Laufe der Zeit werden Sie eine Veränderung an Ihrem Mann bemerken. Die Metamorphose von schlampig zu schmissig mag nicht über Nacht vonstattengehen, doch Sie werden den Grundstein für neue Gewohnheiten legen, die nach und nach die alten ersetzen.

Nicht alle Männer fallen in die beiden Kategorien Dapper Dan und Schluder-Joe. Dazwischen liegt die große Mehrheit der Ehemänner, die in Bezug auf Kleidung nur Mittelmaß sind. Sie sind gepflegt. Sie wollen so gut wie möglich aussehen. Sie bemühen sich. Aber aus mehreren geringfügigen Gründen schaffen sie es nicht ganz, großartig auszusehen. Manche haben überhaupt kein Farbgespür. Sie würden auch ein grün gestreiftes Hemd zu einem blauen Anzug und einer rot-blau gemusterten Krawatte tragen. Sie kaufen gute Anzüge, lassen sie jedoch nicht richtig anpassen, da ihnen nicht bewusst ist, wie sehr sie damit ihre Silhouette verbessern können. Sie neigen dazu, Hemden zu kaufen, deren Kragen ihrem Gesicht nicht schmeichelt, und stören sich nicht daran, wenn ihre Manschetten zu weit aus ihren Jackettärmeln herausragen. Oft ist es nur ein kleiner Mangel in der Garderobe eines Mannes, der ihn davon abhält, in vollem Glanz zu erstrahlen, und hier kommen wiederum Ihre Ehefrauenweisheit und liebevolle Fürsorge ins Spiel. Wenn die Anzüge Ihres Mannes nie richtig zu sitzen scheinen, begleiten Sie ihn, wenn er sich den nächsten kauft. Achten Sie darauf, dass die Hose die richtige Länge hat, dass sich der Stoff am Kragen nicht ausbeult, dass die Ärmel passend abgeändert werden und dass das Jackett keine Lücke in der Mitte aufweist, wenn es zugeknöpft ist. Denken Sie daran, dass Änderungen bei Herrenbekleidung kostenlos vorgenommen werden, Sie sparen also nichts mit einem schlechten Sitz. Finden Sie durch Versuch und Irrtum heraus, welcher Kragenstil am besten zu seinem Gesicht und seinem Hals passt. Sieht er in einem mittelweit ausgestellten Kragen am besten aus? In einem kurzen Tab-Kragen? Mit längeren Spitzen? Wenn Sie den Hemdtypen gefunden haben, der am besten zu ihm passt, bleiben Sie dabei und kaufen Sie ihn immer wieder nach.

Die meisten Frauen kaufen recht regelmäßig für sich, ihre Kinder und ihr Zuhause ein. Mein Rat ist, immer auch in die Herrenabteilung eines Ladens zu gehen. Sehen Sie sich um, was es Neues in diesem Bereich gibt. Falls die Hemden Ihres Mannes nie richtig zu sitzen scheinen, werden Sie den einen Hersteller finden, der Hemden in 73 verschiedenen Größen anbietet, die zu jeder Figur passen. Gefallen Ihnen die Farben und Muster nicht, in denen sich Ihr Mann seine Anzüge oder Sportsakkos aussucht, empfehlen Sie ihm etwas, das Sie mit eigenen Augen gesehen haben. Je besser Sie darüber Bescheid wissen, was gerade angeboten wird, desto hilfreichere Ratschläge können Sie an den Mann in Ihrem Leben weitergeben. Sie können ihm von den fantastischen neuen Stoffwundern berichten, die tagtäglich auftauchen. Betören Sie ihn mit der Bequemlichkeit der neuen Stretchstoffe, der einfachen Pflege bügelfreier Kleidung, der Knitterresistenz der leichten Polyestermischungen und selbstglättenden Hemdstoffe. Wecken Sie sein Interesse an technischen Fortschritten, um ihn ganz neu über Männermode nachdenken zu lassen. Sie möchten Daddy vielleicht nicht gleich in einen Dandy verwandeln, aber Sie können viel dafür tun, dass er in seinem Job, seiner Freizeit und als Ihr stolzer Begleiter besser verpackt ist.

Gehen Sie bei Ihrer Kampagne zur Verbesserung des äußeren Erscheinungsbilds Ihres Ehemanns taktvoll vor. Sie werden nichts erreichen, wenn Sie ihm direkt sagen, dass er einen schlechten Geschmack hat, schlampig aussieht oder sich wie ein Bauerntölpel kleidet. Betonen Sie seine *Stärken* und schlagen Sie ihm vor, wie er aus diesen Kapital schlagen kann, um seinem Ego zu schmeicheln. Ihm den Rat zu geben, dass ihn ein schmaler italienischer Anzug größer erscheinen lässt, ist besser, als ihm zu sagen, dass er in seinem jetzigen wie ein wandelnder Ameisenhaufen aussieht. Dafür, dass Sie erwähnen, wie gut ihm ein niedrigerer Hemdkragen steht, wird er Sie viel mehr lieben, als wenn Sie ihm mitteilen, sein Hals sei fett.

Denken Sie daran, so sehr Sie sich wünschen, dass Ihr Ehemann für andere gut aussieht, möchte er vor allen Dingen *Ihnen* gefallen. Wenn Sie ihn zärtlich, liebevoll und mit aufrichtigem Interesse beraten, wird er auf Sie hören und Ihnen dankbar sein.

REZEPT FÜR EINEN BESSER GEKLEIDETEN EHEMANN

1. Zeigen Sie Interesse am Aussehen und an der Garderobe Ihres Ehemannes. Analysieren Sie beides.

2. Machen Sie sich über Herrenmode kundig. Lernen Sie alles über Stoffe, Schnitte, Eigenschaften und Preise. Besuchen Sie die Herrenabteilungen und lesen Sie Herrenmagazine.

3. Wenn die Garderobe Ihres Ehemannes verbesserungswürdig ist, arbeiten Sie mit ihm zusammen (statt an ihm), um seinen Geschmack auszubilden, seine Gewohnheiten zu verändern und seine Gleichgültigkeit in Enthusiasmus zu verwandeln.

4. Kaufen Sie mit ihm und für ihn ein, um sicherzugehen, dass seine Kleidung ihm steht, richtig sitzt, schmeichelhaft und gut zusammengestellt ist.

5. Am Allerwichtigsten: Helfen Sie dabei, seine Garderobe in Schuss zu halten – sauber, gebügelt und ausgebessert. Ein gut gepflegter Mann sieht erfolgreich aus und hat auch die besten Chancen, erfolgreich zu sein.

Die Kinder kleiden

Es steht kaum infrage, dass der Sachverstand, den Sie dabei entwickeln, sich selbst und Ihren Ehemann einzukleiden, sich auch in gewissem Maß auf die Kinder in Ihrem Haushalt auswirken wird, seien es nun Jungs oder Mädchen, Kleinkinder oder Jugendliche. Früh übt sich, wer ein Meister werden will, und das Beispiel, dass Sie selbst und Ihr Ehemann in Bezug auf Kleidung abgeben, wird, ebenso wie Ihre Benimmregeln, Ihre Tischmanieren und andere Elemente der guten Erziehung, jeden einzelnen der Augäpfel Ihres Familienstammbaums beeinflussen.

Die Kleidernormen für kleine Kinder haben sich im Laufe der Zeit stark gelockert. Wirft man einen Blick zurück auf die üppig ausgestatteten kleinen Lords, die berüschten und frisch gestärkten Mary Pickfords, die Vorkriegspüppchen in Reifröcken oder die langen Strümpfe und hoch geknöpften Schuhe der frühen 1900er Jahre, stellt man fest, wie glücklich sich die Kinder von heute schätzen können, in einer Zeit zu leben, in der Mode und Bequemlichkeit Hand in Hand gehen.

Kinder im Vorschul- und Kindergartenalter, die noch keinen Sinn für Kleidung ausgebildet haben, sind natürlich am einfachsten anzuziehen. Sie haben kein Mitspracherecht bei der Auswahl ihrer Kleidung, die allein ihrer Mutter obliegt. Mit der gelegentlichen Ausnahme, sich gern als Batman, Astronaut oder Balletttänzerin verkleiden zu wollen, fügen sich die Kleinen einfach den Wünschen ihrer Mutter. Diese Phase geht leider viel zu schnell vorüber, denn sobald sie zum ersten Mal einen Fuß in die Schule setzen, beginnen sie, eine eigene Meinung über Kleidung zu entwickeln. Mädchen nehmen den Faden der Mode rascher auf als Jungen, die sich am liebsten in mehreren Dreckschichten kleiden, doch dies ist das Alter (von fünf bis zwölf), in der die Kleidungsgewohnheiten für ein ganzes Leben geprägt werden. In dieser Zeit sollten die Vorstellungen der Kinder über Kleidung geformt werden und ihnen Verständnis dafür, was »angemessen« ist, sowie Respekt für ihre Kleidung eingeimpft werden.

Man muss ihnen beibringen, dass es unterschiedliche Kleidung für unterschiedliche Zwecke gibt: Ihr geliebter Baseball-Anzug gehört aufs Spielfeld und nicht in den Klassenraum, das Partykleid ist für Partys gedacht und nicht fürs Fahrradfahren, die Jeans sind zum Spielen gut, aber nicht für

einen Restaurantbesuch. Werden die Feinheiten des situationsabhängigen Kleidens ihnen nicht in diesen prägenden Jahren eingeschärft, werden sich schwer zu ändernde Gewohnheiten formen und Sie werden wohl mit einer ganzen Familie von Schluder-Joes enden, ob Ihr Ehemann nun einer ist oder nicht.

Bei der Einschulung betritt Ihr Kind – ob Junge oder Mädchen – eine vollkommen neue Welt, in der es nicht automatisch so bedingungslos akzeptiert wird wie zu Hause. Sowohl seine Lehrerin als auch seine Klassenkameraden werden es mit scharfen Augen beobachten, wenn es durch die Tür kommt, und ihr Urteil größtenteils anhand seiner äußeren Erscheinung fällen. Wenn alle anderen Jungen Eton-Anzüge und Krawatten tragen und Ihr Sohn erscheint in T-Shirt und kurzen Hosen, dann wird er (oder werden Sie) zweifellos schräg angesehen. Wenn Ihre kleine Tochter in einem Samtkleid in der ersten Klasse auftaucht, während alle anderen Mädchen Faltenröcke und Pullover tragen, wird sie sich fühlen, als hätte sie grünes Haar. Gehen Sie bei ihrer Kleidung also kein Risiko ein. Finden Sie heraus, was angebracht ist. Statten Sie der Schule einen Besuch ab und wandern Sie umher, wenn die Kinder zur Pause herausströmen. Stellen Sie fest, was in dieser Jahrgangsstufe allgemein getragen wird, und ziehen Sie Ihr Kind so an, dass es nicht heraussticht. Kinder erzielen nicht nur bessere Leistungen, wenn sie nicht das Gefühl haben, anders als alle anderen zu sein, sie werden auch schneller von allen akzeptiert.

In jeder Schule gelten eigene Regeln – ob sie nun festgeschrieben sind oder nicht. In manchen Gegenden ist die Kleiderordnung für den Unterricht extrem locker, in anderen dagegen strenger. Manche Lehrer bestehen darauf, dass kleine Jungen Hemden und Krawatten tragen, andere nicht. Um es genau zu wissen, müssen Sie selbst vor Ort Recherche betreiben, genauso wie wir es bei Paramount tun, wenn wir für einen bestimmten Film erfahren möchten, was in einer bestimmten Gegend, in einer bestimmten Branche oder einer bestimmten Umgebung getragen wird.

Außerhalb der Schule wird es mit der Garderobe und den Kleidungsgewohnheiten Ihres Kindes ein wenig komplizierter. Hier müssen Sie Jungen und Mädchen voneinander unterscheiden. Kleine Jungen wehren sich meist dagegen, sich »herauszuputzen«. »Warum kann ich nicht mit Turnschuhen in die Kirche gehen?«, »Wieso muss ich mich umziehen, um Daddy im Büro zu besuchen?« Dies sind nur einige der unendlichen Fragen, die Mütter beantworten müssen, sobald sie auch nur die Idee äußern, Junior solle sich waschen und in ein sauberes Outfit schlüpfen. Mädchen auf der anderen Seite sind so versessen darauf, sich fein anzuziehen, dass Sie sie im Zaum halten müssen, damit sie es nicht übertreiben. Sie wollen das neue festliche Kleidchen in die Schule anziehen. Sie werden sich in ihrem Sonntagsmantel zum Spielen hinausschleichen, wenn Sie sie nicht zurückhalten.

Sie legen von Natur aus Wert auf ihre Kleidung und wollen sie genauso oft wechseln wie die der Modepüppchen, mit denen sie spielen, von Barbie über Marge und Midge bis zu Betsy McCall.

Mütter stecken ihre Töchter oft in vorgefertigte Rollen und kleiden sie dementsprechend. Wir kennen alle die Mütter, die ihre kleine Suzie für so feminin halten, dass sie immer und überallhin Rüschenunterhosen, kurze Tellerröcke und gelocktes Haar tragen soll. Wir sind auch den anderen begegnet, die darauf beharren, ihre kleinen Töchter seien wahre Wildfänge, und sich in ihrer Kleidung auf Stretchhosen und Jungenhemden beschränken. Diese armen Kinder spielen ihre Rollen wie Marionetten, während ihre Mütter jede zart knospende Individualität im Keim ersticken. Sie werden schon in jungem Alter eingeschränkt durch die Vorstellung, dass sie anders sind als andere Kinder, und wachsen allzu oft in dem Glauben auf, einem bestimmten Typ zu entsprechen, während sie für andere einfach nur eine Rolle spielen.

Wenn Sie ein unangemessen oder schlecht gekleidetes Kind sehen, rufen Sie sich in Erinnerung, dass daran selten das Kind die Schuld trägt – sondern die Mutter. Nicht unwahrscheinlich, dass die Mutter ebenso geschmacklos gekleidet ist. Frauen, die sich in engen Hosen und Hausschuhen in eleganten Geschäften herumtreiben, schleppen dabei nicht selten ein Kind im Badeanzug hinter sich her.

Mein Appell an alle Mütter, die den Unterschied kennen zwischen der Kleidung, die man zum Spielen auf dem Hof trägt, und der, die für eine Fahrt in die Stadt angemessen ist, lautet: Kleiden Sie Ihr Kind mit genauso viel Sorgfalt wie sich selbst. Der Achtjährige, der eine Hotellobby barfuß und in kurzen Hosen betreten darf, ist auf dem besten Wege, zu einem 18-jährigen exzentrischen Beatnik zu werden.

Beschränken Sie die Spielkleidung auf den Spielplatz und wenn Sie mit Ihren Kindern einkaufen, ins Restaurant, ins Theater oder auf einen Besuch gehen, machen Sie ihnen klar, dass es sich um besondere Gelegenheiten handelt, die besondere Kleidung erfordern.

ERFOLGSREZEPT FÜR DAS KLEIDEN
JUNGER KINDER

*1. Finden Sie die Kleiderordnung der Schule heraus, auf die
Ihr Kind gehen wird, und richten Sie sich nach dem dort
vorherrschenden »Look«.*

*2. Bringen Sie Ihrem Kind den Unterschied zwischen Spiel-
kleidung, Schulkleidung und Kleidung für besondere Anlässe bei
und erklären Sie ihm, wie wichtig es ist, zu wissen, was man wann
zu tragen hat.*

*3. Wählen Sie einfache, pflegeleichte Kleidung für alle Zwecke.
Lassen Sie das Kind durchscheinen. Kaufen Sie niemals Kleidung,
die das natürliche kindliche Aussehen übertönt.*

*4. Gehen Sie sicher, dass Ihr Kind sich in seiner Kleidung
wohlfühlt – sowohl körperlich als auch in Bezug auf
seine Umgebung.*

*5. Erklären Sie Ihrem Kind, wie wichtig es ist, gut gepflegt zu sein,
und weshalb ordentlich gekleidete Kinder so viel Zuspruch finden.*

6. Kleiden Sie Ihr Kind mit genauso viel Sorgfalt wie sich selbst.

Ganz im Unterschied zu jüngeren Kindern wissen Teenager (sowohl
männliche als auch weibliche), was sie anziehen wollen, und sie bekommen es auch – was jährlich zu Bekleidungskosten in Höhe von Millionen Dollar führt.

Teenager kreieren ihren eigenen Mix

Was die Leute auch denken mögen, Teenager gehören seit über vierzig Jahren zu den Erneuerern auf dem Gebiet der Mode. In den Zwanzigern waren sie die Ersten, die sich einen Bob schneiden ließen, ihre Überschuhe offen trugen (woher wahrscheinlich das Wort »Flapper« stammt), den Charleston tanzen lernten und Mitglieder der unorganisierten Organisation der »Shifter« wurden. Ein Shifter trug eine kleine Büroklammer aus Messing als Klubabzeichen, die ihm erlaubte, jeden anderen Shifter um eins seiner Kleidungsstücke zu bitten, wenn es ihm gefiel, solange er diesem dafür etwas im Tausch anbot. In den Dreißigern waren es auch wieder zuerst die Teenager, die ihre Röcke länger trugen, in vollgepackten Autos herumrasten und sich durch den Big Apple tanzten. In den Vierzigerjahren nach dem Krieg tauchte das Teenagermädchen dann zum ersten Mal als spezielle Modekundin auf. Zu dieser Zeit entwickelte der Einzelhandel Abteilungen für Jugendliche und eine neue Modekundin mit eigenen Größen, einem eigenen Markt und einem eigenen Budget war geboren. In den Fünfzigern und Sechzigern erfanden Teenager den Lotter-Look, sorgten dafür, dass so viele Söckchen verkauft wurden wie nie zuvor, tanzten sich zu neuer Berühmtheit und setzten den Kookie-Look durch, den Beat-Look, den Mod-Look, den Chelsea-Look, den Frug-Look, Frog-Look, Swim-Look, Surf-Look, Monkey-Look, Watusi-Look und was auch immer als Nächstes kommt.

Ich will damit sagen, dass sich der Teenager in den letzten vierzig Jahren von einem in der durchschnittlichen Familie zwischen Kindheit und Erwachsenenalter feststeckenden hässlichen Entlein zu einem weit und breit richtungsweisenden Indikator für modische Einflüsse entwickelt hat. In den letzten Jahren waren Teenager tatsächlich Trendsetter für viele Moden und Leidenschaften, die von Erwachsenen übernommen wurden, darunter Kleidung, Tänze, Sportarten und Kunstformen. Der Einfluss der Teenager in unserer Gesellschaft lässt sich nicht übersehen und wenn Sie einen bei sich zu Hause haben, machen Sie sich besser schlau, was in seiner Welt los ist, sonst heißt es rasch, Sie lebten hinter dem Mond.

Die jungen Leute fangen heutzutage mit etwa elf Jahren an, wie Teenager zu denken, und machen sich für große Einkaufstouren bereit, indem sie nach allen neuen Teenager-Moden verlangen, die auf den Markt kommen. Von diesem Fieber werden Jungen wie Mädchen dieses Alters gepackt, wie jede Mutter weiß, die schon angebettelt wurde, Beatles-Hemden und -Schuhe zu kaufen und sich mit Beatles-Haarschnitten abzufinden. Wenn Sie all diese Forderungen ablehnen und sich weigern, den aufblühenden Teenager einigen dieser schnelllebigen Passionen nachgehen zu lassen, bringen Sie ihn in die unhaltbare Position, nicht auf derselben Wellenlänge wie seine Gleichaltrigen zu sein. Bei Teenagern können Sie lediglich darauf hoffen, sie in ihrem Enthusiasmus auf einen etwas gemäßigteren Pfad zu führen. Erlauben Sie Ihrem 13-jährigen Sohn einen mittleren Beatles-Haarschnitt, statt einen, bei dem ihm das Haar bis auf die Schultern fällt. Lassen Sie das Kleid Ihrer 16-jährigen

Tochter zwei Zentimeter über dem Knie enden, aber nicht vier. Geben Sie hier ein wenig nach, bleiben Sie an anderer Stelle streng. Schließen Sie Kompromisse in Sachen Konformität – erkennen Sie, dass auch Teenager sich anpassen wollen, aber eben *untereinander*, und nicht Ihnen.

Von allen Altersstufen werden Ihre Kinder sich zwischen zwölf und achtzehn Jahren am meisten für Kleidung interessieren. Was man *wohin* trägt, ist für diese Gruppe ausgesprochen wichtig und wenn Ihre Tochter darauf besteht, in Shorts und einer Surfer-Jacke mit Reißverschluss zu einem Tanz zu gehen, können Sie darauf wetten, dass dort alle so aussehen werden. Sie *weiß* das, weil sie es in Erfahrung gebracht hat, und wenn alle Mädchen so gekleidet sind und nur sie in einem Kleid erscheint, wird sie ein Mauerblümchen sein, fehl am Platz und weg vom Fenster.

Die empfindlichen Teenager beiden Geschlechts nehmen auch sehr genau wahr, wie ihre Mutter aussieht. Ihr jugendlicher Sohn mag sich wie ein Beatnik kleiden, doch er möchte seine Mom mit Sicherheit nicht wie ein Mod herumlaufen sehen. Wenn Ihre Tochter ausgeflippte Kleidung trägt, versuchen Sie nicht, wie sie auszusehen. Sie möchte, dass Sie chic, jung und attraktiv erscheinen, aber nicht wie eine aus ihrem Freundeskreis. Dort hat sie bereits genügend Konkurrenz.

Die Gruppe der Teenager ist der einzige Bereich, für den eine spezielle Definition dafür benötigt wird, was dem Anlass entsprechende Kleidung ist. Was Ihnen als angemessen erscheint, mag in der wunderbar verrückten Welt, in der ein Teenager sich bewegt, hoffnungslos unpassend sein. Die Frage, was dem Anlass entspricht, kann hier nur von dem jeweiligen Jugendlichen beantwortet werden, der allein *weiß*, was andere zu einer bestimmten Veranstaltung tragen werden, sei es ein Tanzabend, eine Übernachtung bei Freunden, ein Strandpicknick, eine Grillparty oder ein Football-Spiel. Wenn Sie Ihren Teenagern Ihre eigenen Vorstellungen (und Kleidungsstücke) aufzwingen, laufen Sie Gefahr, normale, kontaktfreudige Kids in introvertierte, neurotische Stubenhocker zu verwandeln. Lassen Sie es also bleiben.

Ihnen mag nicht gefallen, was Teenager sich wünschen und kaufen. Sie mögen über den Verfall der jüngeren Generation schimpfen und wettern. Aber Sie sollten den Tatsachen besser ins Gesicht sehen, Mom, denn Sie können sie nicht ändern! So ist es immer gewesen, vom Gibson-Girl zum Bloomer-Girl zum It-Girl bis zum Mädchen von heute. Also freunden Sie sich damit an. Lesen Sie die Zeitschrift *Seventeen*, um sich über Teenager schlau zu machen. Nehmen Sie jeden neuen Modetrend wahr und versuchen Sie, das Beste aus diesem Trend für Ihre jugendliche Tochter auszuwählen, womit Sie sie sanft von den ganz schrägen Sachen wegsteuern, sie jedoch immer noch den Weg gehen lassen, der sie zum Erfolg innerhalb ihrer Gruppe führt.

Sehen Sie sich die Freunde, die Ihr Teenager mit nach Hause bringt, gut an. Sehen sie anders aus als Ihre Kinder? Oder kleiden sie sich alle auf ähnliche Weise? Ist es nicht so, dass Ihr Kind eine neue Mode deshalb cool findet, weil all seine Freunde sie tragen und es ohne sie wie ein Langweiler erscheinen würde? Beurteilen Sie den Geschmack eines Teenagers nicht nach Ihrem eigenen.

Denken Sie zurück an Ihre eigenen Teen-Jahre und erinnern Sie sich, was *Ihre* Mutter durchgemacht hat, um Sie an *ihre* Denkweise anzupassen. Erzwingen Sie nichts, überzeugen Sie lieber sanft und vernünftig.

Sie mögen sich für erfolgreich halten, wenn Sie Ihre Teenager dazu bringen, Ihren Geschmack, Ihre Vorstellungen und Ihre Kleidernormen anzunehmen – doch das könnte zu vollkommenem Versagen auf ihrer Ebene führen.

So intensiv sie sich auf für Mode und Trends interessieren, neigen Teenager doch dazu, ihrem Äußeren wenig Beachtung zu schenken. An dieser Stelle können Sie wirklich Einfluss ausüben, ohne zu schaden.

Legen Sie Wert auf Sauberkeit mit einer reinen, attraktiven Haut als Grundlage. Ernennen Sie einen Abend in der Woche zum besonderen Pflegeabend, an dem alle sich die Haare waschen und Hand- und Fußpflege betreiben. Bringen Sie Dad dazu, mit den Jungs zu arbeiten, während Sie selbst die Mädchen auf dieser Sauberkeits-Operation anleiten. Lassen Sie das Ausmisten des Kleiderschranks zu einer einfachen Routine am selben Abend werden, bei der Sie darauf achten, dass schmutzige Kleidung zum Waschen, Reinigen und Ausbessern aussortiert wird. Betonen Sie bei den Mädchen Anmut, bei den Jungen gesellschaftliche Anerkennung.

Und vergessen Sie nicht, der Teenager bleibt nur für ein paar Jahre ein Teenager. Viel länger würden es die Eltern schließlich auch nicht ertragen!

SO HELFEN SIE IHREM JUGENDLICHEN NACHWUCHS, SICH ERFOLGREICH ZU KLEIDEN

1. Interessieren Sie sich für ihre Kleidung, aber versuchen Sie nicht, ihnen die Trends auszureden, von denen sie wissen, dass sie gerade angesagt sind.

2. Laden Sie ihre Freunde ein, um sich davon zu überzeugen, dass sie alle so aussehen.

3. Machen Sie sie selbst für die Pflege ihrer Kleidung verantwortlich.

4. Steuern Sie sie fort von den allzu exzentrischen Trends, hin zu einem gemäßigten Pfad der Modeströmungen, denen sie folgen müssen, um nicht aus ihrer Gruppe verstoßen zu werden.

5. Legen Sie Wert auf eine ordentliche Körperpflege und Sauberkeit – indem Sie selbst mit gutem Beispiel vorangehen.

4.

Wie man eine erfolgreiche Garderobe aufbaut

4. Wie man eine erfolgreiche Garderobe aufbaut

Seit Anbeginn der Zeit haben alle Frauen aller Gesellschaftsschichten eine einzige, andauernde Klage. Sowohl jene mit großem Reichtum als auch jene mit begrenztem Budget jammern ihren armen Pantoffelhelden gegenüber: »Ich habe nichts zum Anziehen.«

Meiner Ansicht nach hatte keine Frau im Verlauf der ganzen Geschichte jemals ein Recht auf diese Beschwerde, einmal abgesehen vielleicht von Lady Godiva. Wenn Sie zu den vielen gehören, die sich regelmäßig in dieser Notlage wiederfinden, geben Sie sich selbst die Schuld, nicht Ihrem Ehemann. Ihr Versagen, sich eine Ihrem Lebensstil angemessene Garderobe aufzubauen, ist der einzige Grund dafür, dass Sie sich vor einer Veranstaltung, einer Aktivität, einem Ort oder einer Einladung wiederfinden und nichts Passendes zum Anziehen haben.

Während sie behaupten, sie hätten nichts zum Anziehen, schimpfen und stöhnen die meisten Frauen gleichzeitig darüber, dass ihr Kleiderschrank überquillt. Dort hängen Dutzende Teile herum, die sie *niemals* tragen, weil sie nicht richtig passen, ihnen nicht stehen oder nicht angemessen für die Dinge sind, die sie tun, und die Orte, an denen sie sich aufhalten. Wenn Sie zu diesen Jammer-Damen gehören, habe ich einen Rat für Sie: Holen Sie einzeln all diese kaum getragenen Kleider, Mäntel, Kostüme und Schuhe aus ihrem Versteck hervor und treffen Sie eine Entscheidung. Werden Sie sie *jemals* tragen? Sind sie das Geld und die Mühe wert, sie auszubessern? Wenn nicht, verkaufen Sie sie – oder geben Sie sie an eine bedürftige Angehörige weiter. Wenn all Ihre Angehörigen reich sind, geben Sie sie Ihrer Putzfrau oder der Heilsarmee. Damit tun Sie etwas Gutes für andere – und zugleich für sich selbst. Außerdem wird Ihrem Ehemann (oder womöglich auch Ihrer Mutter) die Genugtuung versagt, Ihnen zu antworten: »Was meinst du damit – du hast nichts anzuziehen? Wenn du noch ein weiteres Teil in diesen überfüllten Kleiderschrank stopfst, wird er mit Sicherheit platzen.«

Eine ordentliche Garderobe aufzubauen, ist ein bisschen so, wie ein Haus zu bauen. Stellen Sie sie sich auch wie ein Heim vor – denn Sie werden in Ihrer Garderobe leben müssen. Sie muss nicht nur bequem sein, sondern all Ihre Bedürfnisse abdecken.

Nur Sie allein wissen, welche Anforderungen Ihr Leben und Ihre Aktivitäten an Ihre Garderobe stellen. Auf diesem Gebiet tragen Sie allein die Verantwortung, die auf einer besonnenen und rationalen Analyse Ihres Lebens basiert.

Der Umfang Ihrer Garderobe hängt selbstverständlich von der Vielfalt Ihrer Aktivitäten, dem Ausmaß Ihres gesellschaftlichen Lebens, Ihrem Wohnort, Ihrem Beruf und den Orten ab, an denen Sie sich bewegen. Als unverheiratetes berufstätiges Mädchen zwischen zwanzig und dreißig, das in einer großen Stadt lebt, unterscheidet sich Ihre Garderobe natürlich stark von der einer Hausfrau und dreifachen Mutter in der Vorstadt. Sie benötigen mehr Kleider für Verabredungen, während sie mehr Kleidung für den Alltag braucht, um ihre Kinder zur Schule zu bringen und wieder abzuholen, in der Nachbarschaft zu Mittag zu essen und einkaufen zu gehen.

Aber wer Sie auch sind, was Sie auch tun und wo Sie auch leben, um ein Haus oder auch eine Garderobe aufzubauen, müssen Sie stets mit dem Fundament beginnen. In diesem Fall sprechen wir jedoch nicht von Mieder und Büstenhalter, sondern von der Kleidung, in der andere Sie zu sehen bekommen. Das Fundament Ihrer Garderobe basiert wie das eines Hauses auf Grundbausteinen, auf denen Sie aufbauen können.

(1) Jede Garderobe sollte ein schönes Kostüm umfassen, das locker genug ist, um es mit einem Pullover auf dem Land zu tragen, aber nicht so locker, dass es beim Einkaufen in der Stadt oder im Büro deplatziert wirken würde, dazu eine Auswahl passender Blusen oder Pullover.

(2) In jeder Garderobe sollte sich ein »Ensemble« befinden – diese wunderbar wandelbare Kombination aus Kleid und passendem Mantel oder Jacke, die Sie an viele Orte begleitet, die nach einem »wichtigen« Look verlangen. Damit sind Sie für Elternabende

wie für Nachmittagsvorstellungen gut gekleidet, aber auch sonntags in der Kirche und im Frauenverein. Sie können darin Ihren Mann zu Abendessen und Kino in der Stadt treffen und Ihre reiche Tante Emma, die gerade aus Paris zurückkehrt, am Flughafen empfangen.

(3) Auch sollte jede Garderobe ein einfaches schwarzes – oder dunkles – Kleid zu bieten haben, das einen Bridge-Tisch oder einen Lunch schmückt und sich mit Accessoires zum Cocktail aufhübschen lässt.

Diese drei »Fundament«-Outfits sind unverzichtbar in der Garderobe einer gut gekleideten Dame. Sie werden an mehr Orten zu mehr Zeiten angebracht sein als nahezu jedes andere. Darauf bauen Sie Ihre Garderobe so auf, dass Sie zu Ihrem Leben und dem Ihrer Freunde passt.

Erstellen Sie eine Skizze Ihrer Aktivitäten

Eine exzellente Herangehensweise an den Aufbau einer Garderobe, die passend auf Sie zugeschnitten ist, ist ein Bauplan. Damit meine ich nicht den tatsächlichen Bauplan eines Architekten, sondern eine Auflistung all Ihrer Aktivitäten mit den dazugehörigen Bekleidungsanforderungen. Es gibt nichts Törichteres, als Kleidung ohne solch einen Plan zu kaufen, und dieses Geldausgeben auf gut Glück wird nur zu einer unausgewogenen Garderobe führen, die Ihnen nicht weiterhilft, sowie zu einem unausgewogenen Budget, das Ihren Ehemann in den Wahnsinn treibt.

Wir Frauen haben alle bestimmte Schwächen und neigen dazu, zu bestimmten Kleidungsstücken zu greifen, ob wir sie nun brauchen oder nicht. Ich kenne eine Frau, die schönen Schuhen nicht widerstehen kann und einen ganzen Schrank voll davon hat, aber nichts Passendes, was sie dazu anziehen kann. Andere Frauen lieben raffinierte Rüschenunterwäsche und füllen Ihre Kommodenschubladen mit Spitzenunterröcken und -nachthemden, haben aber nie genug Geld, um sich Kleidung für darüber zu kaufen. Eine Freundin von mir, die kaum je Gelegenheit hat, schicke

Cocktail- und Abendkleider zu tragen, legt sich dennoch ständig neue zu. Als Folge dieser unglücklichen Schwäche tritt sie zu den alltäglichsten Anlässen aufgedonnert wie ein Zirkuspferd auf.

Auf der anderen Seite gibt es Frauen, die so vernarrt in Sportkleidung sind, dass ihre Schränke so gefüllt sind mit Tweed, Kaschmir, kurzen Hosen, Sporthosen und anderen robusten Outfits, dass Sie bei einer Dinnerparty oder einer nachmittäglichen Bridge-Runde so deplatziert wirken wie eine Bauchtänzerin auf einer Kirchenfeier.

Ein Psychiater würde dies als Wunscherfüllungskäufe bezeichnen. Ich möchte mich nicht in die unterbewussten Sehnsüchte der Frau vorwagen, die all diese ausgefallene Unterwäsche erwirbt, oder den Fußfetisch der Dame mit all den Schuhen ergründen oder herausfinden, welche finsteren Kräfte sie wohl als Marionette missbrauchen, aber ich weiß, dass man am Ende mit einer schlechten Garderobe dasitzt, wenn man all diesen Versuchungen nachgibt.

Ihre Garderobe muss Sie nicht nur ästhetisch befriedigen, sondern auch funktional sein. In diesen wundervollen Tagen, in der die Geschäfte gefüllt sind mit einer großen Auswahl an Stücken für jede Gelegenheit, für jedes Budget und in allen Kleidergrößen, ist es für jede Frau leicht, Funktionalität und Mode zu kombinieren und zu jeder Zeit vortrefflich gekleidet zu sein. Eine Frau, die heutzutage regelmäßig Fehler in ihrer Kleiderauswahl begeht, muss dumm, fahrlässig oder schlicht und einfach neurotisch sein. Wenn sie immer wieder die falschen Dinge kauft und am Ende mit einem vollen Kleiderschrank, aber nichts zum Anziehen dasitzt, hoffe ich aufrichtig, dass dieses Kapitel sie auf den richtigen Weg bringen wird. Wenn sie jedoch weiterhin von dem Pfad abweicht, den ich ihr vorzeichne, und lieber all die wilden Stilblüten einsammelt, statt sich auf beständige Pflanzen zu beschränken, wird ihr Kleiderschrank immer wie ein Dschungel aussehen, in dessen Wucherungen sie erstickt, ohne auch nur ein ordentliches Feigenblatt zum Anziehen zu haben.

Viele modische Fauxpas können vermieden werden, indem man sein instinktives Verlangen bremst, mit dem Herzen statt mit dem Kopf einkaufen zu gehen. Wenn Sie nach einer bestimmten Art von Kleidung hungern, für die Sie kaum Verwendung haben, setzen Sie sich auf Diät. Genauso, wie Sie zu viel Sahne und Gebäckstücken widerstehen, um in Form zu bleiben, können Sie auch Nein zu diesen ersehnten, aber nicht benötigten Anschaffungen sagen, die nur zu einer aus der Form geratenen Garderobe führen.

Um zur Sache zu kommen – genauer gesagt, zu Ihrer Sache –, fangen wir nun mit Ihrem Bauplan an. Beantworten Sie einfach die Fragen in dieser Liste mit einer der folgenden Möglichkeiten: täglich, regelmäßig, ziemlich oft, weniger oft, ganz selten.

Wie oft ...

gehen Sie ins Büro?

auf den Markt?

zum Tanzen?

ins Theater?

zu informellen Abendessen?

zu formellen Anlässen?

zu Picknicks und Grillpartys?

zu Sportveranstaltungen?

auf Reisen?

im Restaurant essen?

zu Bridge- oder Kartenabenden?

laden Sie Gäste nach Hause ein?

gehen Sie zu Schulveranstaltungen?

beteiligen Sie sich an Kirchenaktivitäten?

Wenn Sie diese Fragen beantwortet haben, wird Ihnen klar sein, auf welchen Bereich Sie sich beim Auf- oder Umbau Ihrer Garderobe konzentrieren sollten. Wenn Sie »täglich« einkaufen und »regelmäßig« zu Sportveranstaltungen gehen, müssen Sie auf einfache Kostüme, Pullover, Röcke und Hosen setzen, die für beide Aktivitäten angemessen sind.

Machen Sie eine Inventur Ihrer Garderobe

Sobald Sie alle Fragen auf dieser Liste beantwortet und sie noch einmal überprüft und alle Aktivitäten hinzugefügt haben, die ich vergessen habe, holen Sie all Ihre Kleider aus dem Schrank. Teilen Sie sie in die Kategorien des Fragebogens auf. Wie viele Outfits besitzen Sie, die ins Büro, zum Einkaufen, zum Tanzen und so weiter passen? Legen Sie dafür jeweils Stapel auf Ihrem Bett und auf Stühlen an. Haben Sie *genügend* Kleider für die Aktivitäten, die Sie mit »täglich« gekennzeichnet haben? Haben Sie *zu viele* Kleider für jene mit dem Vermerk »weniger oft« oder »ganz selten«? Neigt sich Ihre Garderobe in eine Richtung wie der schiefe Turm von Pisa? Liegt der Schwerpunkt auf Dingen, die Sie eigentlich nicht brauchen, während Bereiche, bei denen Sie »regelmäßig« und »oft« angegeben haben, spärlich ausgestattet sind? Dann beginnen Sie besser gleich mit dem Umbauen, Neuorganisieren und Ausbessern.

Die Angemessenheit Ihrer Kleidung hat auch viel mit Ihrer Wohngegend zu tun. Frauen, die in großen Metropolen leben, benötigen selbstverständlich eine schickere Garderobe als jene in ländlichen Kleinstädten, wo sich die Aktivitäten auf nachbarschaftliche Besuche und Feierlichkeiten beschränken. Die Stadtbewohnerin mag wunderbar elegant aussehen, wenn sie mit einem rückenfreien Kleid und einer aufgetürmten Hochsteckfrisur in einem fabelhaften Restaurant zu Abend isst, doch ihre Cousine auf dem Lande würde in demselben Outfit im örtlichen Gasthof alle Anwesenden zum Kichern bringen – und ihren Begleiter zum Erröten bis an die Haarspitzen.

Wenn Sie in einer kleinen vorstädtischen Gemeinde leben, in der sich das gesellschaftliche Leben auf den Country Club konzentriert, benötigen Sie mehr Outfits zum Wechseln als die städtische Dame, deren gesellschaftlicher Kreis viel größer ist. Im Gegensatz zu Ihnen trifft sie nicht auf jeder Party dieselben Leute. Sie möchten nicht, dass man Sie wieder und wieder in dem immer gleichen Cocktailkleid auf den immer gleichen Partys in den immer gleichen Häusern sieht. Außer natürlich, Sie sehen darin *einfach großartig* aus. In diesem Fall mögen die Frauen darüber lästern, wie oft Sie es schon getragen haben, doch die Männer werden schlicht sagen: »Sie haben noch nie besser ausgesehen« und versuchen, Sie in eine dunkle Ecke zu drängen. Ein fantastisches altes Kleid, das Ihnen steht, ist viel besser als ein brandneues, das Ihnen nicht steht.

Sich dem Ambiente Ihrer Umgebung anzupassen, ist ein wichtiges Element des erfolgreichen Kleidens. Erfolg in jedem Bereich erfordert, dass andere Menschen Sie *mögen*. Und Menschen mögen prinzipiell keine Sonderlinge und Exzentriker. Sie fühlen sich unwohl in Gegenwart von Menschen, die ganz anders sind als sie selbst. Wenn jemand von einer Frau sagt: »Sie ist genau mein Typ Mensch«, dann macht er ihr damit das größtmögliche Kompliment. Unterscheidet sich Ihr Kleidungsstil komplett von dem Ihrer Umgebung oder von der Geschwindigkeit des Lebens in Ihrer Gemeinde, riskieren Sie, zu den Spinnern gezählt zu werden, gemeinsam mit dem örtlichen Trunkenbold und dem Dorftrottel.

Ich wurde schon von vielen Frauen gefragt, ob es auch mit einem begrenzten Budget möglich ist, eine gut ausgestattete Garderobe zu haben. Ihnen antworte ich stets: »Geld ist keine Garantie für Geschmack und die Tauglichkeit der Stücke. Ein überfüllter Kleiderschrank ist oft nackt wie ein Skelett, wenn es um *tragbare* Kleidung geht.«

Wer von uns je nach Europa gereist ist, hat schon die Frauen gesehen, die mit einer langen Reihe Koffer von Bord gehen und Stunden im Zoll verbringen. Meiner Erfahrung nach sind dies häufig die Frauen, die nichts zum Anziehen haben. Die Frau dagegen, der es gelingt, ganz Europa mit nur zwei Koffern zu bereisen, hat ihre Outfits sorgfältig den Orten, an denen sie sich aufhalten wird, entsprechend geplant und erscheint zu jedem Anlass perfekt gekleidet.

Accessoires machen den Unterschied

Accessoires spielen eine unglaublich wichtige Rolle dabei, sich eine Garderobe aufzubauen, in der es sich leben lässt. Die Frau mit all den Schuhen im Schrank, die nichts hat, was sie dazu anziehen könnte, ist ein gutes Beispiel für schlechte Planung. Niemand *benötigt* ein extra Paar Schuhe für jedes Outfit und eine gut geplante Garderobe ist farblich aufeinander abgestimmt, sodass ein Set Basis-Accessoires (Handtasche, Schuhe, Handschuhe) zu einer Reihe von Kleidern oder Kostümen getragen werden kann.

Was Basis-Accessoires angeht, könnten Sie, wenn Sie keine anderen hätten, mit diesen hier gut überleben und sich erfolgreich für alle, ausgenommen die ganz formellen, Gelegenheiten kleiden:

Handschuhe:	
Leder oder Stoff:	kurze – dunkel, weiß oder bone
	6 oder 8 Knöpfe – dunkel, weiß, beige oder bone

Schmuck:	
Perlen:	Einzelstrangkette
	Matinee-Halskette
	Ohrringe
Maßgefertigter	
Goldschmuck:	Halskette
	Ohrstecker oder -hänger
	Armband
	Eine hübsche Anstecknadel oder Brosche, die auf Kostümen, Kleidern oder Mänteln getragen werden kann (Vorzugsweise nicht einheitlich, damit die Stücke zwar zusammenpassen, aber nicht wie ein Set aussehen.)

Handtaschen und Schuhe:	Schwarzes Leder
	Beige oder bone (Passt zu allem.)
	Flache Sportschuhe und Einkaufs-
	tasche in einer neutralen oder
	Koffer-Farbe
	Mittelhohe konservative schwarze
	Abendschuhe mit passender
	Ledertasche
Firlefanz:	Mehrere hübsche Tücher, um für
	Schwung und Farbe am Ausschnitt zu
	sorgen oder sie bei Bedarf um den
	Kopf zu schlingen

Sich für jede Gelegenheit passend zu kleiden, ist eins der Geheimnisse, um Gelassenheit zu erreichen. Eine Frau, die sich aufgrund ihrer unangemessenen Kleidung deplatziert fühlt, kann sich unmöglich entspannen oder ihre charmanteste Seite zeigen. Nur wenige Frauen mögen es, angestarrt zu werden. Sind alle Augen auf Sie gerichtet, sollten Sie sich fragen, ob Ihr Unterrock hervorschaut, Ihre Wimpern verrutscht sind oder Ihr Reißverschluss offen steht, statt sich für eine atemberaubende Schönheit zu halten. Es gibt nur wenige solcher Köpfe verdrehenden Schönheiten, aber wenn Sie zu einer Gelegenheit das Falsche tragen und es noch dazu zu kurz tragen, dann können Sie sich auf diese Weise viele starrende Blicke sichern, sofern Ihnen das damit einhergehende Gekicher nichts ausmacht.

Eine der wichtigsten Regeln für angemessenes Kleiden lautet: Lieber zu wenig als zu viel – damit meinen wir jedoch nicht, dass Sie halbnackt herumlaufen sollen, sondern dass Sie es lieber schlicht halten. Ein Filmstar mag in einer sehr ausgefallenen Aufmachung daherkommen müssen, um die Rolle zu erschaffen, die er spielen soll, aber in Ihrem Privatleben überlassen Sie Mae West lieber die glitzernden Diamanten, Dorothy Lamour die Sarongs und Carroll Baker die hautengen, ohne Büstenhalter getragenen elastischen Kleider. Das Kino übt zwar entschiedenen Einfluss auf Modetrends aus (denken Sie nur an das Rüschenhemd aus *Tom Jones*, den Hut aus *My Fair Lady*, die fließenden Roben aus *Harlow*), doch diese werden normalerweise für den Massenmarkt umgeformt zu weitaus weniger extravaganten Looks, die von vielen Frauen getragen werden können.

Als ich Ihnen ein paar Absätze zuvor einige grundsätzliche Basis-Kleidungsstücke und -Accessoires nannte, um die herum Sie Ihre Garderobe aufbauen können, mögen Sie den Eindruck erhalten haben, dass ich eine Uniform für alle Frauen empfehle. Das ist jedoch absolut nicht meine Absicht. Zum einen ist dies lediglich das *Fundament, auf das Sie aufbauen sollen*. Wenn Sie nicht auf diese Notwendigkeiten und um sie herum aufbauen, werden Sie kaum mehr als ein Skelett in Ihrem Kleiderschrank haben. Den Rest Ihrer Garderobe stellen Sie passend zu Ihrem Leben und Ihren Aktivitäten zusammen. Wenn Ihr Freundeskreis aus Sportbegeisterten besteht und Sie viel Zeit in einem Country Club verbringen, wird sich Ihre Garderobe natürlich auf gute Kleidung für die Zuschauertribüne konzentrieren. Wenn Sie oft Gäste bewirten, sollte Ihr Kleiderschrank mehr bequeme Gastgeberinnenkleider umfassen als der einer Frau, die ausgeht, um sich zu amüsieren. Als berufstätige Frau wird sich der Großteil Ihrer Garderobe um Kleidungsstücke drehen, die ins Büro gehören. Entscheiden Sie, was den Kern Ihrer Garderobe ausmachen soll.

Ihr Einkaufsratgeber

Die Erkenntnisse über Ihr Leben und Ihre Aktivitäten, die Sie durch die Analyse Ihres eigenen Kleiderschranks erzielt haben, sollten Sie beim Einkaufen leiten. Wenn Sie die Kleider, die Sie besitzen, in Ihre jeweiligen Kategorien einordnen, werden Sie sofort sehen, wo sich die Schwachstellen Ihrer Garderobe befinden, an welchen Stellen sie zu umfangreich ist und an welchen sie verstärkt werden muss. Während Sie sie nun nach und nach umgestalten oder erneuern, sollten Sie sich jedoch vor den Verlockungen in Acht nehmen, denen fast jede Frau auf Einkaufstour zum Opfer fällt, und ihnen widerstehen.

Nehmen Sie sich vor kurzlebigen Trends in Acht

Halten Sie sich auf dem Laufenden, was in der Welt der Mode neu und aufregend ist, indem Sie Modezeitschriften lesen, aber widerstehen Sie *kurzlebigen Trends oder einem sklavischen Folgen der Mode, sofern Sie es sich nicht leisten können, jede neue Saison Ihre gesamte Garderobe auszutauschen.*

Beim Erwerb eines neuen Mantels, Kostüms oder Kleids fragen Sie sich, ob der von Ihnen gewählte Stil im nächsten Jahr noch so gut aussehen wird wie in diesem. Was auch immer der letzte Schrei sein mag, manche Stile altern rasant und sind bereits in ein paar Monaten überholt. Andere werden in Windeseile für einen billigeren Markt kopiert und bieten, gleich durch den Himmel ziehenden Kometen, für einen Moment ein wunderbares Schauspiel, bevor sie über Nacht verlöschen.

Statt nach dem Schweif eines jeden neuen Modekometen zu greifen, der den Horizont streift, hängen Sie Ihren Modewagen an die beständigen Sterne, die Jahr für Jahr fortscheinen. Modische Veränderungen sind niemals revolutionär, sondern stets evolutionär. Die Silhouette verschiebt sich langsam, statt sich von heute auf morgen zu verändern. Modehäuser versuchen zwar, jede neue Saison wie eine vollkommene Verwandlung im Gegensatz zur vorherigen erscheinen zu lassen, doch die Grund-Looks verändern sich nur schrittweise über einen langen Zeitraum. Die meisten modischen Veränderungen rollen langsam an und vergehen ebenso langsam wieder, wobei die Faustregel für einen vollständigen Wandel als Sieben-Jahres-Zyklus bekannt ist. Frauen, die stets die extremsten Ausformungen jedes neuen Trends erstehen, statt sich auf die gemäßigteren Varianten zu konzentrieren, sitzen häufig mit einem Schrank voller Strohfeuer-Trends da, die in einer einzigen Saison ihren Neuigkeitswert verlieren, während die zurückhaltenderen Versionen desselben Stils jahrelang Bestand haben. In den meisten Fällen ist die einzige nötige Verwandlung, um diese Kleidung auf den neusten Stand zu bringen, die der Saumlänge. Wie Sie wissen, ist sie der wichtigste Bereich des heutigen Modelooks. Nichts sieht uneleganter aus als ein Rock, der auch nur ein winziges bisschen zu lang ist. Wenn Sie Ihre Garderobe aus dem letzten Jahr dieses Jahr begutachten, probieren Sie alles an – wahrscheinlich ist die Saumlänge aus dem letzten Jahr zu lang, um modisch zu sein – oder zu kurz. Dies beweist, wie wichtig es für Mädchen ist, nähen zu können. Wäre ich Präsidentin, würde ich ein Gesetz erlassen, nach dem jedes weibliche Wesen in den Vereinigten Staaten die Grundtechniken des Nähens erlernen müsste, zumindest gut genug, um eine Saumlänge zu ändern.

Jede Saison werden neue Looks von Zeitschriften und Geschäften aggressiv beworben. Begriffe wie »London Look«, »Total Look«, »Sportive Look«, »Mod Look«, »Innocent Look«, »Empire Look«, »Darling Look«, »Smock Look«, »Elegant Look« oder »Real Girl Look« tauchen täglich auf, um Ihre Aufmerksamkeit auf Kleidung mit ein paar hervorstechenden besonderen Details zu lenken, die in den meisten Fällen nur einen kleinen Teil des Sortiments eines Geschäfts ausmacht. Sie wird kräftig beworben, weil sie ins Auge springt. Aber wenn Sie dann die Ware des Ladens begutachten, werden Sie feststellen, dass Einkäuferinnen von Konfektionsware sich auf Moden konzentrieren, die ihre Vermarktbarkeit bereits bewiesen haben und noch lange Bestand haben werden. Beispiele sind das Chanel-Kostüm mit seiner jugendlich kurzen Jacke und Bordüre, das Hemdblusenkleid mit seiner einfachen Knopfleiste und seinem lockeren Rockteil, das Shiftkleid mit seiner gürtellosen, körperfernen Bequemlichkeit, das Etuikleid mit seiner zarten, figurbetonenden Form, das A-Linienkleid mit seinem anmutigen Schwung, der gerade, schmale Mantel mit seinem frischen, schlankmachenden Schnitt und viele andere. Diese Modeklassiker haben bereits ein langes Leben hinter sich und sind immer noch äußerst vital. Für eine Frau mit begrenztem Budget, die sich nicht jedes Jahr eine komplett neue Garderobe leisten kann, stellen solche beständigen Stücke gute Investitionen dar, die sich langfristig auszahlen. Wenn Sie dem Drang nicht widerstehen können, etwas brandneu Aussehendes, ganz und gar anderes und wirklich Ausgefallenes zu besitzen – gönnen Sie sich eine günstige Variante, da Sie wissen, dass das Stück nur eine kurze Lebensdauer haben wird. Bei dieser Anschaffung fällt Ihre Wahl am besten auf ein Kleid, denn die Investition in einen Mantel oder ein Kostüm wird größer ausfallen und ein höherer Preis verlangt danach, zumindest mehrere Saisons zu überdauern.

Wie Kleidung sich anfühlt, ist ebenso wichtig wie ihr Aussehen. Wir

haben alle schon Frauen gesehen, die übertrieben unsicher in ihren Kleidern wirken. Sie zupfen am Saum herum, zerren an den Ärmeln, ziehen andauernd den Ausschnitt zurecht oder überprüfen ihr Äußeres ständig im Spiegel. Diese Frauen fühlen sich nicht zu Hause in ihrer Kleidung, da diese nicht richtig für sie ist. Seien Sie sich dieser Gefahr bewusst, wenn Sie im Laden etwas Neues anprobieren. Werden diese hübschen Ärmel (die in der Umkleidekabine so wundervoll aussehen) Sie im Büro stören? Werden diese faszinierenden großen Knöpfe Ihnen nach wenigen Wochen lästig sein und das Kleid nach ein paarmal Tragen zu leicht wiedererkennbar machen? Wird sich dieser hinten hohe Kragen unter einem Mantel genauso angenehm anfühlen wie ohne? Kaufen Sie niemals Kleidung, die Sie überwältigt und Ihnen lediglich eine Nebenrolle zuweist. Die richtige Kleidung für Sie ist unweigerlich die, in der sie sich wohlfühlen, über die Sie nach dem Anziehen nicht mehr nachdenken müssen, weil sie zulässt, dass Ihre Persönlichkeit sie dominiert.

Denken Sie nicht, dass etwas richtig für Sie ist, nur weil es so hübsch aussieht, während Sie in der Umkleidekabine vor dem Spiegel stehen und den Bauch einziehen. Bewegen Sie sich darin. Setzen Sie sich. Kreuzen Sie die Beine. Beugen Sie sich vor. Laufen Sie. Schauen Sie, ob es hochrutscht, in der Mitte Falten wirft oder Sie an den Schultern einengt. Betrachten Sie sich von hinten. Wird es am Hintern hängen? Zeigt es Ihre runden Stellen? Wird der Gürtel nach dem Abendessen platzen? Bequemlichkeit und Entspanntheit sind essenziell für erfolgreiches Kleiden. Das hübscheste Kleid der Welt ist nichts wert, wenn Sie sich beim Tragen nicht entspannen können.

Eine weitere Gefahr beim Einkaufen, der nahezu alle Frauen von Zeit zu Zeit zum Opfer fallen, ist das »Schnäppchen«. Egal, wie tief es heruntergesetzt ist, Sie sparen überhaupt nichts, wenn das Kleidungsstück lediglich von einem Haken getragen wird. Wie oft haben Sie schon etwas gekauft, bloß weil Sie der Tatsache nicht widerstehen konnten, dass es um den halben Preis heruntergesetzt war? Rufen Sie sich in Erinnerung, dass der Händler es niemals billiger anbieten müsste, wenn es von vornherein ein begehrenswertes Stück gewesen wäre. Ich gebe zu, dass Sie manchmal das Glück haben werden, ein wahres Juwel zu einem reduzierten Preis zu erstehen – aber kaufen Sie es nicht, nur weil es heruntergesetzt ist. Fragen Sie sich, ob Sie es auch für den vollen Preis gekauft hätten. Wenn nicht, vergessen Sie es. Sie sind besser dran, wenn Sie etwas mehr ausgeben und dafür etwas bekommen, worin Sie wirklich leben werden – und woran Sie Ihre Freude haben. Ich wiederhole es, der Schlüssel für erfolgreiches Kleiden ist, das Richtige zum richtigen

Zeitpunkt zu tragen. Das richtige Teil für jede Gelegenheit im Kleider-schrank zu *haben*, ist nur eine Frage der Planung. Jedes Teil Ihrer Garde-robe sollte seinen Zweck erfüllen und wenn es nur dahängt, ohne je von Ihnen getragen zu werden, dann wissen Sie, dass es so überflüssig ist wie eine Taschenlampe ohne Batterien oder eine Kamera ohne Film.

Was die Organisation Ihres Kleiderschranks angeht, können Sie sich ruhig ein paar Dinge von den Stars abschauen. Julie Andrews bei-spielsweise hat ihre Garderobe beinahe wie das Lager eines Kaufhauses arrangiert. Jede Untergruppe (Tageskleidung, Sportkleidung, Nach-mittags- und Abendkleidung) hängt zusammen und wird von den anderen abgetrennt. Ein Schaubild an der Innenseite ihrer Schranktür kennzeichnet, welches Accessoire wozu passt. Wenn sie sich unter Zeit-druck anzieht, wählt sie ein Outfit aus, wirft dann einen Blick auf das Schaubild und weiß sofort, welchen Schuh, welche Tasche, welchen Hut, welche Handschuhe und welchen Schmuck sie dazu anziehen soll. Debbie Reynolds hat eine andere Methode. An der Innenseite ihrer Schranktür befindet sich eine Tafel, auf der sie täglich auflistet, welche Stücke genäht, abgeändert, gereinigt, aussortiert oder angeschafft werden müssen. Ich habe es selbst ausprobiert und großes Vergnügen dabei emp-funden, nicht nur jederzeit zu wissen, was sich im eigenen Kleider-schrank befindet, sondern auch, in welchem Zustand es ist.

Filmstars, die landesweit in der Öffentlichkeit auftreten, stehen ständig vor dem Problem, sich innerhalb weniger Tage für eine Reihe verschiedener Gelegenheiten richtig kleiden zu müssen. Joan Crawford bewältigte kürzlich eine solche Tour, vor der sie als Erstes ihren Stunden-plan studierte, um nicht nur herauszufinden, wo sie überall sein, sondern auch, was sie zu tun haben und mit wem sie dabei zusammen sein würde. Eine Vorlesung vor einer Gruppe von Schauspielstudenten an der Uni-versität verlangte nach einem gut geschnittenen Kostüm, als Gastgeberin eines Wohltätigkeitsbasars benötigte sie ein schickes Gesellschaftskleid, um bei einem Spatenstich einen Baum zu pflanzen, war sportliche Kleidung nötig. Eine Rede vor einem Frauenverein, ein Fernsehauftritt, ein Galadinner mit Ball – jede Aktivität verlangte einen eigenen perfekten Look. Joan trat diese Reise jedoch nur mit einem einzigen Koffer an, zuzüglich einer Hutschachtel für die sorgfältig ausgewählten Accessoires, die jedes Outfit komplettieren und variieren sollten.

Nichts beschädigt die Anmut einer Frau so sehr wie das schreckliche Gefühl, für einen Anlass falsch gekleidet zu sein. Aus dem Rahmen zu fallen, ist schmerzhafter als jeder echte Sturz – und zu versuchen, Ihre beste Seite zu zeigen, während Sie sich in einer Situation so fremd fühlen wie ein Besucher vom Mars, ist eine alptraumhafte Erfahrung für jede vernünftige Person. Wenn Sie nicht wissen, was Sie zu einem bestimmten Anlass tragen sollen, fragen Sie um Gottes willen jemanden, der es weiß. Bei einer Party fragen Sie die Gastgeberin. Halten Sie eine Rede, fragen Sie den Vorsitzenden des jeweiligen Ausschusses. Bei einer Hochzeit fragen Sie die Braut, ob formelle oder informelle Kleidung erwünscht wird. Menschen freuen sich, wenn man sie um Rat fragt. Sie fühlen sich dadurch wichtig. Also verkneifen Sie sich die Fragen nicht, wenn Sie sich unsicher sind.

Beim Aufbau Ihrer Garderobe ist es ebenfalls wichtig, sich jede Saison zu fragen, welchem Farbschema Sie folgen möchten. Wenn Sie eine Menge Teile in bunt gemischten Farben kaufen, die keinerlei Ähnlichkeit aufweisen, werden Sie ein Problem mit den Accessoires bekommen. Wählen Sie ein paar schmeichelhafte Farben aus und bauen Sie Ihre Garderobe darum herum auf, statt in alle Richtungen gleichzeitig zu galoppieren. Ihr Farbverstand sollte sowohl durch Vernunft als auch Ihren eigenen Teint in Zaum gehalten werden. Eine Anleitung dafür finden Sie in Kapitel 7.

REZEPT FÜR DEN AUFBAU EINER
ERFOLGREICHEN GARDEROBE

1. Erstellen Sie einen Plan Ihrer Aktivitäten.
2. Überprüfen Sie Ihre gesamte Garderobe, um herauszufinden, ob
sie zur Planung Ihres Lebens und Ihrer Aktivitäten passt.
3. Stellen Sie sicher, dass Ihr Kleiderschrank die grundlegenden
Kleidungsstücke umfasst, die Sie am häufigsten tragen.
4. Bauen Sie auf diese Basis auf, indem Sie beim Einkaufen
einem Ihrem Leben angepassten Plan folgen.
5. Lassen Sie sich nicht von den neusten Trends oder den
größten Schnäppchen verführen, insbesondere, wenn sie nicht in
Ihren Plan passen.
6. Streben Sie eine lebenswerte Garderobe an – die nicht nur
ästhetisch gefällt, sondern auch für Sie funktioniert, in der
Sie sich wohlfühlen und die Sie in jeder Situation passend
gekleidet sein lässt.

5.

Wie Sie erfolgreich jünger wirken

5. Wie Sie erfolgreich jünger wirken

Jugend ist das Leitmotiv unseres Zeitalters und zum größten Antriebsfaktor in der Vermarktung all der Dinge geworden, die eine Frau trägt oder verwendet. Anzeigen in Magazinen und Zeitungen stellen dramatisch die jugendliche Figur zur Schau, die die heutigen Büstenhalter und Korsagen erzeugen können, die jüngere Haut, die eine Vielzahl an Cremes und Lotionen ermöglichen, oder die dem Alter trotzenden Resultate verschiedener Haarfärbeprodukte. Es zählt nicht länger, wie jung Sie sind, sondern wie jung Sie aussehen. Früher begann das Altern in Würde mit etwa 35, heute denkt kaum noch eine Frau in solchen Begriffen. Sie bleiben lieber in Dankbarkeit jung, wofür sie die Designer, die Kosmetikerinnen, die Ernährungsberater, die Fitnesstrainer und gar die Schönheitschirurgen preisen, die ihnen helfen, jünger auszusehen, sobald sie alt genug sind, um ein paar Jährchen von ihrem Alter abzuschnippeln.

Vor nicht allzu vielen Jahren wurde Kleidung nach dem Alter kategorisiert. Es gab Damen-Kleider und Mama-Hüte für Frauen, die sich in der Fräulein-Abteilung nicht mehr wohl fühlten. Heute kaufen Frauen allen Alters Junior-Kleidung, wenn ihre Figur es ihnen erlaubt. Im Einzelhandelsjargon bezieht sich »Junior« auf die Größe, nicht auf das Alter. Die meisten Kaufhäuser und Fachgeschäfte legen den Schwerpunkt ihrer mittelpreisigen Abteilungen auf Jugend, indem sie ihnen Namen geben wie »The Debutante Shops« oder »The Young Circle«, und haben dabei nur ein einziges Ziel vor Augen: nicht etwa, die ältere Frau *fern*zuhalten, sondern sie hereinzulocken – schließlich würde jede Frau, die noch laufen kann, lieber einen Bereich betreten, in dem Kleider jung und flott sind, als ein leichenhallenartiges Geschäft, das sich an »ältere Frauen« richtet.

Während die Medizin daran arbeitet, die Menschen länger am Leben zu halten, wird das hohe Alter selbst auf der Zahlenskala hinaufgeschoben. Das mittlere Alter begann früher mit etwa 35, heute fängt es irgendwo zwischen 45 und sechzig an, abgesehen vom Standpunkt und vom Aussehen der jeweiligen Person.

Einige der fabelhaften Großmütter im Filmland können vielen Frauen als Inspiration dienen, die bereit sind, das Handtuch zu werfen, was jugendliches Aussehen angeht. Wenn Sie sich alt und klapprig fühlen und denken, Sie seien dahin, werfen Sie einen Blick auf Marlene Dietrich, Gloria Swanson, Joan Crawford, Bette Davis und eine Vielzahl anderer Filmstars, die alle über fünfzig sind, aber immer noch vital, wunderschön und um Jahre jünger als ihr wirkliches Alter wirken.

Wie gelingt ihnen das? Sie pflegen natürlich ihre Haut, ihr Haar und ihre Figur mit größter Sorgfalt. Diese Dinge sollte jede Frau als natürliche Vorsorgemaßnahme verstehen, um ihre Jugend in jedem Alter zu bewahren. Doch der wahre Jungbrunnen ist heutzutage der Reichtum an jugendlichen, tragbaren Kleidermoden, der Frauen jeder Einkommensschicht zugänglich ist. Mütter rücken nicht mehr in den Hintergrund, sobald ihre Töchter das Erwachsenenalter erreicht haben. Ihre Kleider haben ebenso viel jugendlichen Elan, ebenso viel Farbe und Aktualität wie die der nächsten Generation, wenn nicht sogar mehr. Die Jüngeren neigen dazu, schnelllebigen Moden, übertriebenen Trends und allem Ausgefallenen hinterherzulaufen – während die reife Frau, die jung für ihr Alter wirkt, sich von »Mod«, »Pop« und »Op« fernhält und sich für gemäßigte, schmeichelhafte Varianten entscheidet, die nichts mit feuriger Jugend zu tun haben.

In ihrer Kleiderauswahl liegt Ruhe, aber keine Schwere. Ihre Tochter mag zu einem wilden, exotischen Print greifen, der das Auge blendet und den Verstand verwirrt, sie dagegen sucht sich einen kühleren, schmeichelhafteren, feminineren Print aus, der sie weicher wirken lässt.

Der beste Freund einer Frau

Mit fortschreitenden Jahren sind die richtigen Kleider die größten Verbündeten, die eine Frau hat, um die Zeichen des Alters zu vertuschen, die so unvermeidlich sind wie das Herbstlaub am Ende des Sommers.

Die Betonung der Jugend ist in Amerika so stark, dass die reife oder mittelalte Frau von den großen Händlern im ganzen Land beinahe gänzlich vergessen wird. Kleidung für die reife Frau ist zwar überall erhältlich, aber in der Werbung und in den Schaufenstern liegt der Fokus so gut wie nie auf ihr. Der Grund dafür ist womöglich eine List des Einzelhandels, jede Frau vergessen zu lassen, dass die Zeit voranschreitet. Oder liegt es daran, dass so viele Handelsfirmen von Männern geführt werden, die so beeindruckt von den Statistiken sind, denen zufolge 25 Prozent unserer Bevölkerung nun unter 25 ist, dass sie vergessen, dass 35 Prozent über vierzig ist? Ich weiß nicht, weshalb die Läden die mittleren Jahre der Frau nicht anlocken, ködern und verklären, oder warum die Modezeitschriften der Kleidung für Frauen über vierzig so wenig Platz einräumen, doch ich schätze, sie werden eines Tages aufwachen und das riesige Profitpotenzial erkennen, das dieser wohlhabende, begierige Markt aufweist.

Die ältere Frau ist in jedem Bereich der Mode eine wichtige Einnahmequelle. Sie ist diejenige, die in Bezug auf ihr Einkommen bereits alles erreicht hat. Ihr Ehemann befindet sich an der Spitze seiner beruflichen Laufbahn. Ihre Kinder sind erwachsen oder stehen kurz davor und sie hat mehr Zeit und Geld für sich selbst zur Verfügung. Sie kann sich höherpreisige Kleidung leisten als die kleine Sekretärin auf dem Weg nach oben. Ihre gesellschaftlichen Aktivitäten sind zahlreicher und ihre Stellung in der Gemeinde verlangt nach einer größeren und besseren Garderobe. Aber wenn Sie die Modepresse und die Anzeigen in den Lokalzeitungen verfolgen, gehen alle Appelle an die »jungen Eleganten«, die »jungen Arroganten«, »die jung Verheirateten« oder die »jungen Hausfrauen«, von denen die meisten noch nicht die Phase ihres Lebens erreicht haben, in der ihr Notgroschen für *Extra-Ausgaben* reicht. Die Jungen sind meist immer noch damit beschäftigt, den Fernseher, das Hollywood-Bett, die Kinderzimmermöbel, das Auto und die Hypothek abzubezahlen.

Trotz der übertriebenen Betonung, die in Anzeigen und Reklame meist auf Mode und Einrichtung für junge Leute liegt, besteht kein

Mangel an hübschen Waren, die die ältere Frau erstehen kann. Abhängig von ihrer Figur kann sie alles kaufen, was sie möchte, ob es nun die Bezeichnung »Junior«, »Miss«, »Petite«, »Half-Size« oder »Women« trägt. Das Größenspektrum der Kleidungshersteller reicht von 3 bis 48, also gibt es keinen Grund für die Frau ungewissen Alters, vernachlässigt auszusehen, selbst wenn sie in dem monumentalen und andauernden Appell an die Jugend heutzutage leicht übersehen wird.

Der Wunsch, jünger auszusehen, als Sie sind (innerhalb der Grenzen des gesunden Menschenverstands), ist mit Sicherheit kein Verbrechen gegen die Gesellschaft. Wenn Sie es mit fünfzig schaffen, wie zwischen vierzig und fünfundvierzig zu erscheinen, herzlichen Glückwunsch. Wir kennen Frauen, die fünf, selbst zehn Jahre jünger aussehen, als sie tatsächlich sind – aber nur in Fällen, in denen größere Operationen vorgenommen wurden, haben wir Frauen je erfolgreich zwanzig Jahre verschwinden lassen sehen.

Das Drei-C-System

Ein jugendlicher Geist und gute Gesundheit leisten den größten Beitrag dazu, jünger zu bleiben und auszusehen, als Sie sind. Gleich danach folgt das geschickte Kleiden, bei der das von mir so bezeichnete »Drei-C-System« (Cover-up, Conceal, Camouflage) zur Anwendung kommt, das fast jeder Frau ein paar Jahre abnehmen kann, die gerade zum dritten Mal 39, 49 oder 59 geworden ist.

Der freundlichste Rat, den wir Ihnen in dieser Hinsicht geben können, stammt tatsächlich aus dem Mund der reizenden, in Österreich geborenen Lilli Palmer, die einst sagte: »Wählen Sie keine Kleidung aus, die Sie aussehen lässt wie ein Hammel, der als Lamm durchzugehen versucht.«

Das reife Alter ist eine Zeit, in der Ihre Kleider schlichter werden sollten, statt Extravaganz an den Tag zu legen. Rüschen, Pailletten, gewagte großflächige Prints, ausgefallene Farben, zu hohe Absätze, tiefe

Ausschnitte, enge Hosen und Bikinis sollten aus Ihrer Garderobe verbannt werden, da sie in den meisten Fällen verräterische Zeichen sind, wenn sie von jenen unter uns getragen werden, die das, wie ich es gern nenne, »interessante Alter« erreicht haben.

Sie haben bestimmt schon über irgendeine junge Frau sagen hören, sie sähe wundervoll aus, ganz egal, was sie trägt. Die Überschwänglichkeit und der gesunde Glanz der Jugend sind schon allein schön anzusehen. Doch wenn ein Teil ihrer jugendlichen Lieblichkeit verfliegt, wenn die zarte, taufrische Haut, die leuchtenden Augen, das glänzende, windzerzauste Haar alt und stumpf und unordentlich auszusehen beginnen, ist der Zeitpunkt erreicht, an dem eine Frau mehr Zeit, Energie und Mühe in eine Garderobe stecken muss, die sie in ihrem Kampf gegen das Alter unterstützt. Beginnt ihr Hals zu schrumpeln, muss sie Ausschnitte und Ketten gut auswählen. Die Ärmellänge gewinnt an Bedeutung, sobald ihre Oberarme schlaff werden.

Wird ihre Körpermitte breiter, muss sie horizontale Streifen und breite Gürtel vermeiden. Wenn sie schlau ist, wird sie beim Kleiderkauf viel vorsichtiger, da ihr bewusst ist, dass sie ein Alter erreicht hat, in dem sie, wie mädchenhaft sie sich tief in ihrem Herzen auch fühlen mag, das Geheimnis der Jugend nur in dem manchmal frostigen Brunnen der Wahrheit finden wird.

Wir alle haben Frauen gekannt, die sich niemals als reif oder matronenhaft verstehen können. Sie weigern sich, eine Brille zu tragen, obwohl sie kaum noch etwas sehen. (Ohne diese erkennen sie auch ihre Krähenfüße und ihr Doppelkinn nicht.) Sie kaufen weiterhin ausgelassene, mädchenhafte Kleidung, die ihr Alter noch betont. Sie setzen Jugend mit solchen Oberflächlichkeiten der Mode gleich wie kurzen Röcken, engen Hosen, verrückten Frisuren und wildem Augen-Make-up.

Jünger auszusehen, als Sie sind, ohne Jugend zum Fetisch zu erheben oder sich zu einem Sonderling zu machen, ist eine relativ einfache Angelegenheit, wenn Sie Ihr Gesicht (mit aufgesetzter Brille) einfach im kalten, schonungslosen Tageslicht in einem Vergrößerungsspiegel betrachten.

Wie alt wirkt Ihre Haut? Ihr Haar? Ihre Augen? Ihr Mund? Für alle lässt sich etwas tun. Sie können durch Pflege, Cremes, Grundierungs-Make-up, Lippenstift und Blondierungsmittel verschönert werden. Die Zauberei der heutigen Kosmetikerinnen und Friseure ist jeder Frau zugänglich.

Ein kürzerer statt längerer Haarschnitt hat einen anhebenden Effekt auf erschlaffende Gesichtszüge. Ein Pony oder ein paar feine Haarsträhnen über der Stirn verbergen einige der Falten darauf. Geschickt aufgetragenes Make-up plus Augentropfen und genügend Schlaf können Wunder bewirken, was die kleinen verräterischen Linien oder die größeren Tränensäcke um Ihre Augen herum angeht. Haarfarben in sanften Naturtönen geben ausgebleichtem, ergrauendem Haar Schimmer und Glanz zurück. Die Maßnahmen, die Sie ergreifen können, um Ihr Gesicht jünger aussehen zu lassen, sind buchstäblich endlos, doch die falsche Kleidung zu tragen, wird Ihr wahres Alter schneller verraten als Ihre beste Freundin.

Der Zauberspiegel, der der bösen Hexe im Märchen stets antwortete, sie sei die »Schönste im ganzen Land«, wann immer sie ihn fragte, mochte ein nützliches Hilfsmittel gewesen sein, um *ihr* das Gefühl von Unsicherheit zu nehmen, aber nach Ihrem 35. Geburtstag stellt für Sie eine wahrhaftige Beurteilung Ihrer eigenen Stärken und Schwächen das weitaus nützlichere Werkzeug dar. Wie sieht Ihre Bilanz nun aus und was tun Sie, um den graduellen Verlust der Jugend in einen lohnenden Zugewinn an Reife zu verwandeln?

Von Kopf bis Fuß

Fangen wir oben mit dem Ausschnitt an. Wenn Sie das Alter erreichen, in dem Ihr Hals langsam mehr nach Henne als nach Schwan aussieht, meiden Sie kleine, runde, kragenlose Ausschnitte, außer Sie tragen dazu Schmuck, der *tiefer* fällt als der Ausschnitt. Halsbänder und enge Halsreifen, die die Aufmerksamkeit auf jene Falten, Linien und Makel lenken, sollten ebenso vermieden werden wie Röcke, die Ihre knubbligen Knie entblößen. Wenn Sie das Gefühl haben, Ihr Hals werde mit den Jahren *kürzer*, liegt es wahrscheinlich daran, dass Ihr Kinn *zunimmt*. Selbst schlanke Frauen neigen im Laufe der Zeit zu einem schwereren Kinn. Dies ist ein Hinweis darauf, sich von Rollkragen und hohen orientalischen Kragen fernzuhalten, die den Anschein erwecken können, Sie hätten überhaupt keinen Hals mehr. Am vorteilhaftesten für Frauen, die nicht mehr in der Blüte ihrer Jugend stehen, sind halsferne Ausschnitte. V-Ausschnitte, sanfte Wasserfallkragen und abstehende Kragen sind hervorragend geeignet. Sie lassen den Hals länger und das Kinn schmaler erscheinen und rahmen das Gesicht ein, ohne Aufmerksamkeit auf den Hals selbst zu lenken. Matinee-Halsketten und Anhänger sind aus denselben Gründen besser als eng am Hals anliegender Schmuck, es sei denn, Ihr Hals ist so beschaffen, dass Sie immer noch jeden darauf aufmerksam machen möchten.

Allzu tiefe Ausschnitte sollten ebenfalls gemieden werden. Wenn die Haut an Ihrem Hals und Ihrem Dekolleté immer noch hübsch anzusehen ist, greifen Sie ruhig dazu. Falls nicht, ziehen Sie den abmildernden Einfluss eines schönen Schals (Chiffon ist äußerst schmeichelhaft) in Betracht, in einer Farbe, die mit Ihrem Outfit harmoniert und Ihre Augen betont.

Ihre Brust mag im Laufe der Zeit die kleine, runde Festigkeit von einst vermissen lassen, doch mithilfe der ausgeklügelten Formgeber von heute braucht das niemand zu bemerken. (Es gibt sogar hübsche Büstenhalter, die Sie im Bett tragen können.) Die Auswahl des richtigen Büstenhalters ist allerdings ebenso wichtig wie das, was Sie darüber tragen. Sind Sie fülliger, quetschen Sie sich nicht in einen kleinen Bandeau-BH, bei dem oben und unten das Fleisch herausquillt, und schnüren Sie Ihre Brüste nicht so fest zusammen, dass Ihr Dekolleté bis zum Kinn reicht.

Um wie viele Jahre eine Frau sich auch verbal heruntermogeln mag, Ihre Ellbogen und Oberarme können sie visuell verraten. Wenn Sie zu den Glücklichen gehören, deren athletische Beschäftigungen Ihre Arme straff und jugendlich gehalten haben und deren sorgfältiges Eincremen die Zartheit Ihrer Ellbogen bewahrt hat, zeigen Sie sich ärmellos, trägerlos, rücken- oder gar schulterfrei. Aber wenn Sie, wie viele Frauen über 35 (und die meisten über vierzig), erschlaffende Muskeln oder Ellbogen mit Elefantenhaut haben, probieren Sie ein paar dieser entschärfenden Vorschläge aus.

Kaufen Sie kein ärmelloses Kleid, außer es hat eine Jacke, Stola, ein kleines Cape oder ein anderes verhüllendes Extrateil. Sind Ihre Ellbogen in Ordnung, nicht aber Ihre Oberarme, können Sie ein ärmelloses Kleid, dem Sie einfach nicht widerstehen können, oftmals dadurch aufwerten, dass Sie im Geschäft um Extra-Stoff vom Hersteller bitten und sich kurze Ärmelchen schneidern lassen. Zu formalen Abendkleidern, die unvermeidlich schulterfrei sind, ist der elegante, bis über den Ellbogen gehende Handschuh ein Geschenk des Himmels, um hässliche Ellbogen zu verbergen, und eine luftige, zu Ihrer Robe passende Tüll-Stola wird Ihnen (und Ihren Armen) so sehr schmeicheln wie eine Kamera mit Weichzeichner den Gesichtern einiger Filmstars.

Während die Jahre ins Land ziehen, wird Ihre Taille mit großer Wahrscheinlichkeit etwas in die Breite gehen. Nur wenige Frauen, die als junges Mädchen einen Taillenumfang von sechzig Zentimetern hatten, können in ihren späteren Jahren noch mit denselben Maßen prahlen. Ein gutes, passendes Mieder kann zwar Erhebungen glätten, den Umfang jedoch nicht großartig verändern. Was Sie *über* Ihrer Unterbekleidung tragen, wird schließlich die Illusion von Schlankheit erzeugen und Sie aussehen lassen, als mangelte es Ihnen an Körperumfang.

Wir alle haben schon die angenehme Erfahrung gemacht, eine alte Freundin nach mehreren Jahren wiederzusehen und jene kostbaren Worte aus ihrem Mund zu vernehmen: »Du siehst großartig aus, du hast abgenommen!« Wenn wir noch am selben Morgen beim Blick auf die Waage festgestellt haben, dass wir zweieinhalb Kilo über unserem letzten Höchstgewicht liegen, wissen wir, dass es an dem Kleid liegen muss, das wir tragen und das von nun an zu unserem absoluten Lieblingsteil wird.

Jünger wirken

Mit großer Wahrscheinlichkeit war es ein körperumspielendes, aber lockeres Kleid – eins der besten Bauchverstecke, die je erfunden wurden. Es ist jedoch nicht der einzige Schnitt, der Frauen offensteht, die ihre Taille kaschieren möchten. Auch die Empire-Silhouette mit hoch sitzender Taille ist großartig, sofern Ihr Busen noch klein und straff ist. Die lange Überbluse, ein Ensemble mit Jacke oder Kostüme sind weitere gute Antworten auf das unvermeidliche Problem einer gewachsenen Taille, ebenso die Mode der geraden Kleider mit verziertem Saum.

Die großen Tabus

Die großen *Tabus* auf diesem Gebiet sind offensichtlich: Tragen Sie *keine* breiten Gürtel um die Taille. Binden Sie sich *keine* Schärpe um. Tragen Sie *keine* kurzen Blusen. Tragen Sie *keinerlei* enge Kleidung. Gehen Sie *nicht* ohne gutes Mieder aus dem Haus.

Rocklängen sind in den letzten Jahren für die Frau in vorgerücktem Alter ein wachsendes Problem geworden. Ihre Röcke in derselben Mini-Länge zu tragen wie ihre jugendliche Tochter hat diese Frau um kein Jahr jünger werden lassen. Selbst die schönsten Beine – Marlene Dietrichs zum Beispiel – sehen besser aus, wenn die Knie bedeckt sind. Gehören Ihre Beine zu Ihren weniger hübschen Attributen, versteht sich natürlich von selbst, dass Sie der Mode nicht vollkommen widersprechen und knöchellange Röcke tragen können, doch gesunder Menschenverstand wird Sie zu der besten Länge für *Sie* leiten.

Röcke mit geschmücktem Saum – Falten, Rüschen oder Volants – sollten nur von Frauen mit schönen Beinen getragen werden, ganz gleich welchen Alters.

Um zu schwere Beine leichter wirken zu lassen, sind dunkle Strumpffarben hervorragend geeignet, während Strümpfe mit gewagter Struktur für solche Beine nicht infrage kommen. Sie verhüllen jedoch wunderbar Beine mit Flecken und sichtbaren Venen.

Nun, da wir am Boden angelangt sind, wollen wir über Schuhe sprechen. Viele Frauen bekommen mit höherem Alter Fußprobleme. Vorspringende Gelenke, Hühneraugen, Hornhaut und eingewachsene Zehennägel sind nie ein schöner Anblick, ebenso wenig die roten, vorspringenden Verknöcherungen an den Fersen, die durch den Druck von Schuhrändern hervorgerufen werden. Nehmen Sie Ihre Füße gut in Augenschein, um herauszufinden, ob sie Ihnen Jahre fortnehmen oder dazu addieren. Sind sie eher im Minusbereich, laufen Sie um Hermes' Willen nicht in offenen Sandalen, Riemchenpumps oder barfuß herum. Heutzutage gibt es so viele verschiedene Schuhmoden, dass jede Frau ein Paar finden kann, das schmeichelhaft und bequem ist, sowohl für ihre Füße als auch für ihr Alter. Die Mode der kleinen Absätze hat schon viele Füße jünger aussehen und sich anfühlen lassen. Eine mittelalte Frau mit wunden Füßen, die auf hohen Pfennigabsätzen herumtorkelt, ist ein trauriger Anblick und wie ihre Füße sich fühlen, spiegelt sich unvermeidlich in ihrem gequälten Gesichtsausdruck wider. Heutzutage gibt es keine »Mama«-Schuhe mehr. Selbst bequeme Schuhe wurden so herausgeputzt, dass niemand mehr weiß, dass sie an Problemfüßen sitzen. Einer der führenden Hersteller solcher Schuhe wirbt nun mit dem Spruch »Frauen haben sich verändert, genau wie Enna Jetticks auch«, zu dem ein Bild zweier weiblicher Fußpaare gezeigt wird. Das eine trägt die altmodischen schwarzen Halbschuhe mit breitem Absatz, die einst der Ausweis von Alter waren, das andere trägt hübsche, modische Pumps, die alterslos sind.

Jugend liegt, genau wie Schönheit, im Auge des Betrachters. Es gibt keinen Grund, weshalb eine Frau nicht alles Mögliche tun sollte, um jünger zu wirken, als sie ist, während sie jedoch das in der Familienbibel eingetragene Geburtsdatum im Kopf behält. »Verhalte dich altersgerecht« ist immer noch eine angebrachte Ermahnung für twistende Großmütter und Vierzigjährige mit Pferdeschwanz, aber »Kleiden Sie Ihr Alter *herunter*« auf die Anzahl von Jahren, mit der Sie *glaubhaft* durchkommen, ist unser Rat an alle Frauen, überall.

Farbe spielt eine wichtige Rolle dabei, ein jüngeres Bild von Ihnen zu malen. Weichgezeichnete statt greller, leuchtender Farben schmeicheln reiferen Teints am meisten. Ein Hut oder eine Bluse in Blassrosa, die ihren rosigen Schimmer auf Ihr Gesicht werfen, werden Sie jünger machen als ein leuchtendes Pink. Lebhaftes Orange, metallisches Blau und grelles Grün sind schwierige Farben, wenn man nicht über makellose junge Haut verfügt, und sollten höchstens als Akzente eingesetzt werden. Warme Beigetöne mit Pink- statt Gelbstich schmeicheln beinahe allen Hautfarben und Marineblau ist eine ewig junge Farbe, die Sie verlässlich jugendlich erscheinen lässt. Grauer Flanell oder Oxfordstoff sind Grundelemente für jedes Alter und machen besonders jung. Die speziellen Farben für Sie und Ihren Typ werden in einem anderen Kapitel behandelt, aber wenn Sie rufen: »Färben Sie mich jung«, probieren Sie einige der Ratschläge hier aus und sehen Sie, was für einen (Alters-)Unterschied Farbe machen kann.

Es ist nur natürlich, dass sich vieles verändert, wenn Sie älter werden. Ihr Schritt verliert etwas von seinem Schwung, Ihr Körper etwas von seiner Geschmeidigkeit und Ihr Gesicht etwas von seiner Frische, aber wenn Sie einen Blick auf Ihre Freunde und Altersgenossen werfen, wird Sie die Tatsache trösten, dass Sie damit nicht allein sind. Gleichzeitig werden Ihnen innerhalb derselben Gruppe zweifellos Menschen auffallen, die viel jünger als alle anderen aussehen. Dies sind unweigerlich die Frauen, die wissen: Je älter sie werden, desto mehr müssen sie in Wartungsarbeiten investieren. Nachlässigkeit wird die Schönheit eines Teenagers nicht verwüsten, außer sie hält zu lange an. Im mittleren Alter wird Nachlässigkeit den Verfall Ihres Äußeren jedoch mit erschreckender Geschwindigkeit beschleunigen. Zu viele Partys, zu viele Martinis, zu anstrengende Sportarten, zu wenig Schlaf, zu viel reichhaltiges Essen, zu viel von *allem* ist Ihr Feind. Wenn Sie ein sehr reges Sozialleben haben, gehen Sie es etwas ruhiger an. Gönnen Sie sich zwischen Ihren gesellschaftlichen Verpflichtungen eine Nacht für Schlaf, Schönheitspflege und gesunde Ernährung. Planen Sie genügend Zeit für die Details der Sorgfalt ein, die so stark daran beteiligt sind, Sie jünger wirken zu lassen. Eine »Wen kümmert es?«-Haltung gegenüber Finger- und Zehennägeln, Enthaarungsmitteln, Unterwäsche, Haaren und Figur ist ein gefährliches Zeichen, das an zu vielen Frauen entdeckt werden kann, nachdem sie sich dem Alterungsprozess erst einmal ergeben haben. Dabei ist gerade jetzt die Zeit gekommen, in der sie akribisch auf ihr Äußeres achten müssen.

Den Verlust der Jugend durch übermäßigen Genuss von Essen und Trinken oder härtere Arbeit zu kompensieren, wird Sie nicht nur früher altern lassen, sondern auch Ihre Lebenszeit verkürzen. Reife ist die Zeit, in der Sie sich reif *verhalten* und reif *denken* sollten, während Sie es zugleich hinbekommen, *jünger auszusehen.*

WIE MAN SICH JÜNGER KLEIDET

1. Meiden Sie Extreme und wählen Sie die gemäßigten Modetrends aus, die zu dem Alter passen, für das Sie gerade noch gehalten werden können.

2. Analysieren Sie Ihre körperlichen Stärken und Schwächen. Betonen Sie die Stärken. Überwinden Sie die Schwächen mit dem »Drei-C-System« (Cover-up, Conceal, Camouflage).

3. Seien Sie penibel, was Ihre Kleidung und Sie selbst angeht.

4. Meiden Sie zu jugendliche, kurzlebige Modetrends, die Sie aussehen lassen wie ein Hammel, der versucht, als Lamm durchzugehen.

5. Achten Sie auf die Gefahrenbereiche, in denen sich das Alter zuerst zeigt, und wählen Sie Kleidung, die diese kaschiert, statt sie hervorzuheben.

6. Denken Sie daran, dass gute Gesundheit und ein fröhliches Wesen Sie um Jahre verjüngen können – und die richtige Kleidung dafür sorgen kann, dass dieser Eindruck bestehen bleibt.

6.

Wie Sie Ihre Figur analysieren

6. Wie Sie Ihre Figur analysieren

Eine der wenigen falschen Aussagen, die unserem geliebten und verehrten Vorfahren Benjamin Franklin zugeschrieben werden, lautet: »Mit einem Kissen über dem Kopf sehen alle Frauen gleich aus.« So gut, wie ich die Figuren von Frauen kenne, hätte ich den guten alten Ben vom Platz verweisen müssen. Würde er noch leben, nähme ich ihn mit in mein Entwurfszimmer, in dem Hunderte mit weißem Stoff bezogene Torsi stehen, die Nachbildungen der Figuren berühmter Filmstars darstellen, deren Garderobe ich zusammenstelle. Es gibt keine Standardgröße für Filmstars, und auch nicht für andere Frauen. Oft haben nicht einmal eineiige Zwillinge dieselben Maße. Die Kleiderpuppen in meinem Entwurfszimmer unterscheiden sich in Umrissen, Größe, Umfang und Silhouette wie Bäume im Wald. Manche sind groß und schlank, andere klein und winzig. Manche sind oben füllig, andere dehnen sich weiter unten aus. Die Kleidungsstücke müssen so entworfen werden, dass sie ihre Schwächen verbergen und ihre Stärken zur Geltung bringen. So soll ein Outfit etwa Länge erzeugen, Breite verringern, das Bein strecken, den Hals verkürzen, ein Hohlkreuz begradigen, den Ansatz eines Bauches verbergen. Wenn man für verschiedene Frauentypen Kleidung entwirft, benötigt man natürlich Grundkenntnisse der aktuellen modischen Trends und Einflüsse – denen man sich jedoch niemals sklavisch unterwerfen darf, weil es viel wichtiger ist, eine Frau *besser* aussehen zu lassen, als sie nach dem letzten Schrei zu kleiden.

Denken Sie daran: So gut wie möglich auszusehen, liegt *immer* im Trend. Wenn alle Modezeitschriften Querstreifen anpreisen, Sie aber nur einen Meter fünfzig groß sind und Kleidergröße 16 tragen, sollten Sie lieber bei unifarbenen Teilen bleiben, statt wie ein wirbelnder Hula-Hoop herumzulaufen.

Der Torsowald in meinem Arbeitszimmer beweist, dass in Hollywood so viele verschiedene Frauentypen unter Vertrag stehen, wie man sie auch in den Supermärkten von Paducah oder den U-Bahnen von New

York findet. Die gerundeten Kurven von Elizabeth Taylor sehen ganz anders aus als die Mannequin-Proportionen von Audrey Hepburn. Debbie Reynolds Kleidergröße 5 steht im starken Kontrast zu der üppigen Silhouette von Sophia Loren. Niemand würde Jane Russell mit Grace Kelly verwechseln und Mae West würde nicht als Doppelgängerin von Natalie Wood durchgehen. Bevor ich die Garderobe für einen dieser Stars entwickle, analysiere ich als ersten Schritt ihre Figur.

Wie Sie wissen, wird im Film alles überbetont. Wenn eine Schauspielerin in Richtung Vollbusigkeit neigt, kommt das auf der Leinwand noch mehr zum Tragen. Ist sie breithüftig, knochig, o- oder x-beinig (o ja, auch die Stars haben Probleme), werden diese körperlichen Besonderheiten auf Film noch verstärkt. Jede Figur benötigt also eine spezielle, individuelle Diagnose. Und Ihre ebenfalls.

Eine Selbst-Analyse

Wie analysieren Sie Ihre Figur? Nur wenige Frauen können die Mühen und Kosten auf sich nehmen, um einen speziell geformten Torso anfertigen zu lassen, aber es gibt eine Methode für den Hausgebrauch, die genauso effektiv wirkt. Ziehen Sie hautenge, die Figur enthüllende Unterwäsche oder einen Badeanzug an und lassen Sie Ihren Kopf verschwinden. Stülpen Sie sich einfach eine Papiertüte über den Kopf, in die sie zwei Löcher für die Augen geschnitten haben, und betrachten Sie sich im Spiegel. Ohne Ihren Kopf sehen Sie Ihren Torso ohne die Persönlichkeit, das Funkeln, das Verständnis und natürliche Selbstbewusstsein, die Ihr eigenes Gesicht, Ihre Augen und Ihr Lächeln dem Bild hinzufügen können. Begutachten Sie sich von allen Seiten und entscheiden Sie, in welcher Form Sie sind und welchem Figurtyp Sie entsprechen. Ohne diese Erkenntnisse können Sie unmöglich wissen, was Sie für Ihre Figur tun oder welche Art von Kleidung Sie tragen sollen, um erfolgreich besser, schlanker, runder, größer, kleiner oder glamouröser auszusehen.

Während Sie im Spiegel diese kopflose Version Ihrer selbst betrachten, fragen Sie sich (und antworten Sie ehrlich), was für eine Art Körper Sie sehen. Ist er dick oder dünn? Gerade oder kurvig? Sehen die Arme zu breit oder zu schmal aus? Was ist mit den Beinen? Sind es gerade Kleinmädchenbeine, lange, wohlgeformte Modelbeine oder möchten Sie sie lieber erst gar nicht erwähnen? Ist Ihre Silhouette um die Taille herum nach innen gebogen oder wölbt sie sich um Ihre Mitte herum nach außen? Steht der Bauch hervor? Ist der Hals zu dick, zu kurz, zu dünn, zu lang? Was ist mit Ihren Brüsten? Müssen sie ein wenig angehoben werden? Ein wenig gepolstert? Ein wenig abgeflacht? Unter Kontrolle gebracht?

Betrachten Sie sich seitlich im Profil. Wie gerade ist Ihr Rücken? Würde ein gerade von Ihrem Kopf auf den Boden hängender Faden Ihren Hinterkopf, Ihre Schulterblätter und Ihr Gesäß berühren oder würde er eine gezackte Linie ergeben wie West Virginia auf der Landkarte? Hat dieser Körper gerundete Schultern, ein Hohlkreuz, ein absackendes Hinterteil?

Nachdem Sie den Schock dieser beiden Ansichten überwunden haben, nehmen Sie sich einen Handspiegel und stellen Sie sich mit dem Rücken zum großen Spiegel auf, um zu erfahren, wie Sie für andere aussehen, wenn Sie einen Raum verlassen. Sind Ihre Schultern schmaler als Ihre Hüften? Haben Sie einen Buckel aufgrund von schlechter Körperhaltung? Fällt Ihnen Speck an Ihren Schulterblättern oder Hüften auf? Wie sind die Rückseiten Ihrer Knie beschaffen? Sollten Sie sie in der Öffentlichkeit zeigen?

Wenn Sie nach diesem Experiment vollkommen zufrieden mit allem sind, was Sie sehen, raten wir Ihnen, Ihre Augen überprüfen zu lassen, denn eine solche Perfektion existiert nur in Träumen oder romantischen Skulpturen.

Die große Vielfalt an Frauenformen wird von dem bestätigt, was in den letzten Jahren mit den »Standardgrößen« von Konfektionsware passiert ist. Wo es einst nur Fräulein- und Frauengrößen gab, finden sich nun Petite-Größen für die Frau, die einen Meter sechzig und kleiner ist,

Junior-Größen, Junior Petites, Teen-Größen, halbe Größen und Größen für große Mädchen. Weil selbst all das nicht ausreicht, gibt es proportionierte Größen für Hosen, Röcke, Strümpfe und Blusen.

Selbst die weiblichen Figuren, nach denen sich die meisten Köpfe umdrehen, unterscheiden sich in verschiedenen Teilen des Landes, eine Tatsache, die ans Licht kam, als in Chicago, Miami, New Orleans, New York und anderen Städten die Playboy-Clubs eröffneten.

Die Schlüsselfigur in diesen Clubs ist das Bunny, die offizielle Bezeichnung der exotischen Dienerinnen (man kann sie nicht einfach als Kellnerinnen bezeichnen), die die Gäste begrüßen und bewirten und jene Fotos aufnehmen, die zu Hause stolz herumgezeigt oder als belastendes Beweismaterial verstohlen zerrissen werden.

Ein Bunny darf nicht wie eine Normalsterbliche aussehen – und das tut es auch nicht. Jedes Bunny bekommt ein speziell angefertigtes Paar Hasenohren und ein die Schenkel entblößendes Satin-Kostüm, das die besten – und ich meine wirklich die besten – Eigenschaften eines glamourösen Korsetts und eines kurzen Badeanzugs miteinander verbindet. Nun, beim Anpassen dieser Outfits sind neben den interessanten Figuren auch einige interessante Zahlen ans Licht gekommen.

Man fand bald heraus, dass die Bunnys in Miami winzig sind, im Durchschnitt Kleidergröße 8 und Körbchengröße B tragen. Die Chicago-Bunnys haben die bislang größten Hinterteile aller Klubs und die New-Orleans-Bunnys tragen Körbchengröße C und sind am ganzen Körper rundlich.

Unabhängig von Ihrer Körperform und Ihrem grundsätzlichen Figurtyp wird der erste Schritt der Analyse Ihrer Figur mit einer Tüte über dem Kopf sicher einige Überraschungen bereithalten – sowohl angenehme als auch enttäuschende. Diese Informationen werden sich als sehr nützlich für Sie erweisen, also schreiben Sie sie in einfachen Stichpunkten zu Ihrer ehrlichen Bewertung all Ihrer Körperteile.

So sah am Ende die Analyse eines berühmten Stars aus:

	Stärken/*Schwäche*	Handlungsanweisung
Hals	*zu kurz*	hohe Kragen meiden
Schultern	*leicht gerundet*	an besserer Haltung arbeiten
Brüste	gut	betonende Kleidung wählen
Taille	genau richtig	nicht verstecken mit Gürtel betonen
Hüften	perfekt	wunderbar für lange Blusen
Oberschenkel	*etwas rundlich*	enge Röcke und Hosen meiden
Beine	ausgezeichnet	knielange Röcke tragen
Bauch	*ragt hervor*	Sport, Diät, mehr Kontrolle durch Mieder
Hintern	*schlaff*	enge Oberteile meiden

Nach diesem Teil Ihrer Analyse behalten Sie den Bleistift in der Hand und schreiben Sie all Ihre Maße auf, Ihr Gewicht und Ihre Größe inbegriffen. Schummeln Sie nicht, indem Sie das Maßband zu eng ziehen. Diese Liste wird Ihre Richtlinie sein, wenn Sie überprüfen wollen, welche Fortschritte Sie bei dem Versuch machen, ein paar Ihrer Schwächen durch Sport, Diät und bessere Haltung auf die Seite der Stärken zu befördern.

Erstellen Sie eine Landkarte von sich selbst

Der zweite Teil Ihres *Forschungsprojekts Ich* erfordert einen Komplizen. Hängen Sie ein großes Blatt Packpapier an die Wand und lassen Sie Ihren Kameraden die Umrisse Ihrer igur mit einem dicken Bleistift oder einem Fettstift aufzeichnen, während Sie dasselbe figurentblößende Teil tragen wie beim Kopf-in-der-Papiertüte-Test (siehe Illustration S. 107). Treten Sie danach einen Schritt zurück und studieren Sie diese Umrisse. Die Maße, die Sie bereits aufgeschrieben haben, und die Fakten, die Sie enthüllt haben, als Sie sich mit der Papiertüte über dem Kopf betrachteten, werden es Ihnen ermöglichen, Ihren Figurtyp, Ihre Silhouette und Ihre Proportionen unvoreingenommen einzuschätzen, ohne sich Fantasien darüber hinzugeben, wie Sie gern aussehen würden. Dies sind *Ihre* Umrisse.

Psychoanalyse findet auf der Couch statt, während ein Arzt Ihre Gedanken aufschreibt, in der Hoffnung, Sie mögen sich selbst besser kennenlernen und Ihre Ängste in den Griff bekommen. Was wir vorhaben, ließe sich als Physioanalyse bezeichnen. Sie führen Sie im Stehen aus, doch was Sie niederschreiben, hilft Ihnen dabei, Ihre Figur zu verstehen und alle etwaigen Illusionen darüber loszuwerden. Um ehrlich zu sein, glaube ich, dass diese Art von Analyse in vielen Fällen auch Sorgen und Ängste beseitigen kann und jede Frau, die sich nicht allen Tatsachen über ihre eigene Figur stellt, zu einem Psychiater gehen und ihren Kopf überprüfen lassen sollte.

Nachdem Sie nun Ihre Länge und Breite, Ihre Proportionen und Maße ausgiebig betrachtet haben, werfen Sie einen Blick auf Ihre Umrisse. Diese Landkarte hilft Ihnen, den richtigen Weg zu finden. Wenn Sie sie richtig anwenden, wird sie Sie an Ihr Ziel führen. Ignorieren Sie sie, gehen Sie verloren. Die wichtigste Antwort, die sie Ihnen liefern wird, ist die auf die Frage, welcher dieser neun Figurtypen Sie sind:

1. Sind Sie *durchschnittlich* – in jeder Hinsicht?
   Damit sind durchschnittliche Größe (zwischen 1,60 und 1,70 Meter) und durchschnittliches Gewicht für diese Größe (zwischen 50 und 58 Kilo), abhängig von Ihrer Knochenstruktur, gemeint. Sie sind weder zu dick noch zu dünn.
2. Sind Sie durchschnittlich groß, aber übergewichtig?
3. Sind Sie durchschnittlich groß, haben aber Untergewicht?
4. Sind Sie groß (zwischen 1,70 und 1,80 Meter), ist Ihr Gewicht dafür aber genau richtig?
5. Sind Sie groß und übergewichtig?
6. Sind Sie groß und untergewichtig?
7. Sind Sie klein (unter 1,60 Meter) mit einem perfekt dazu passenden Gewicht?
8. Sind Sie klein und untergewichtig?
9. Sind Sie klein und übergewichtig?

Überprüfen Sie, in welche Kategorie Sie fallen, und blättern Sie dann zu Kapitel 8 vor, wo Sie hilfreiche Ratschläge dazu finden, was Sie tragen sollen. Weibliche Frauen variieren zu einem gewissen Grad, aber ich habe in meinem Studio dieses einfache Schaubild aus Silhouetten und Farbwerten ausgearbeitet, mit denen jede Figur angekleidet besser aussieht. Denken Sie daran, dass es sich um grundlegende Empfehlungen handelt. Um sie richtig anzuwenden, müssen Sie alles in Betracht ziehen, was Sie in der Physioanalyse über Ihre Figur gelernt haben. Wenn Sie einen Meter sechzig groß sind, aber eine sehr lange Taille haben, können Sie wahrscheinlich keine Petite-Größen tragen, auch wenn die Rocklänge passend für Sie wäre. Wenn Sie schmale Schultern, aber breite Hüften haben, können einteilige Kleider ein Größenproblem darstellen, das Sie nur lösen können, indem Sie Zweiteiler kaufen.

Es muss passen

Es gibt massenhaft Variationen der weiblichen Form und nur wenige Frauen können das Geschäft mit Konfektionsware verlassen, ohne einige Änderungen vornehmen zu lassen. Eine exzellente Passform ist eine der ersten Voraussetzungen für erfolgreiches Kleiden. Ohne sie sehen selbst die elegantesten Kleider aus wie selbst zusammengenäht. Sitzt aber alles, kann eine günstige Garderobe den Anschein maßgeschneiderter Perfektion erwecken. Es steht außer Frage, wie sehr gute Änderungen das Aussehen Ihrer Figur in Kleidern verbessern können.

Ein Kleidungsstück, das Ihrer Figur angepasst ist und deren Abweichungen von der Perfektion in Betracht zieht, kann viel dafür tun, Ihre Stärken zu betonen und Ihre Schwächen zu verbergen. Schlecht sitzende Schultern, Lücken am hinteren Halsausschnitt, Seitennähte, die auch nur leicht spannen, oder Röcke, die im Sitzen hochrutschen, lassen Kleidungsstücke nicht nur schnell altern, sondern auch wie etwas Abgetragenes oder von einer Freundin mit einer anderen Kleidergröße Geliehenes aussehen.

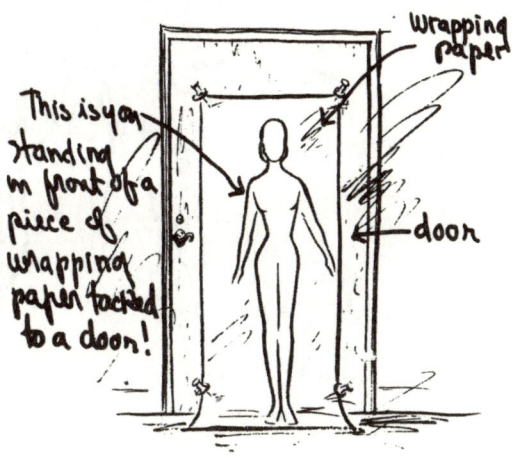

This is
you ←
side view ➘

Wear
something
tight fitting

Here I am showing
how to outline
your figure

Thumb tack
a piece of
wrapping
paper to a
door —

Wear
something
tight!

Here I am
showing you
how to have
someone
outline your figure

Achten Sie beim Kauf eines Kleides nicht nur auf die Länge, um zu sehen, ob es passt. Überprüfen Sie den Halsausschnitt, die Taille, die Hüften und die Schultern. Liegt alles an den richtigen Stellen auf oder hängt und beult es sich oder zwickt und spannt es an manchen Punkten? Setzen Sie sich darin. Ist der Rock so eng, dass sich nach dem ersten Tragen dauerhafte Sitzfalten abzeichnen? Rutscht er beschämend weit nach oben, wenn Sie ins Auto oder in den Bus steigen? Heben Sie die Arme, um zu sehen, ob Sie ungehindert tanzen oder sich das Haar bürsten können. Laufen Sie in dem Kleid herum, bevor Sie es kaufen, und wenn Sie sich nicht vollkommen wohlfühlen, *laufen Sie davon*, es sei denn, es ließe sich ohne eine Rechnung in astronomischer Höhe abändern.

Wenn ich einer Schauspielerin ein Kleid anpasse, lasse ich sie dabei beinahe eine Turnstunde absolvieren – laufen, springen, sich auf den Boden legen und setzen –, nicht nur, um herauszufinden, ob sie diese Dinge bequem ausführen kann, sondern auch, um zu sehen, wie das Outfit in Aktion aussieht. Keine von uns ist eine Schaufensterpuppe. Wir sind im Büro, zu Hause und in unserem Sozialleben ständig in Bewegung. In Kleidung, die nur gut aussieht, wenn Sie stillstehen, lässt sich gut posieren, aber nicht leben.

Als ich einmal bei der Anprobe von Bette Davis beteiligt war, sprang sie plötzlich durchs Zimmer, warf sich auf einen Diwan und ließ sich dann schlaff auf den Boden rollen. Zuerst dachte ich, ich hätte sie mit einer Nadel an einer schmerzhaften Stelle gestochen. Sie rappelte sich jedoch lachend auf und sagte: »Keine Sorge, ich verliere nicht den Verstand. Das gehört zu der Szene, die ich in diesem Kleid spielen werde. Ich wollte sichergehen, dass ich darin arbeiten kann, ohne mich eingesperrt zu fühlen.« In einer Szene von *Der zerrissene Vorhang* musste Julie Andrews auf ein Fahrrad und wieder herunterspringen, also hatten wir ein Fahrrad im Ankleidezimmer, damit sie üben und sehen konnte, ob ihre Kleidung »funktionierte«.

Die richtige Art von Kleidung auszuwählen, um ein erwünschtes Ergebnis zu erzielen, wird im Film seit vielen Jahren erfolgreich praktiziert.

Beim Anblick von Stars wie Clara Bow, Gloria Swanson und Mae West auf der Leinwand haben nur wenige Zuschauer je vermutet, wie winzig diese sind (etwa einen Meter fünfzig). Die Kleidung, die für sie entworfen wurde, erzeugte den Eindruck von Größe. Ungebrochene, eng anliegende Kleidung verlängert die Silhouette und streckt die Figur. Stars, die wie Fotomodelle aussehen, etwa Audrey Hepburn, Roz Russell, Vanessa Redgrave und Lauren Bacall, versuchen, den umgekehrten Effekt zu erzielen, wenn ihre Rollen nach einem zierlichen Kleinmädchen-Look verlangen. Ihre langen »Model«-Figuren werden durch zweiteilige, zweifarbige Kostüme mit gebrochenen Linien, die den Körper verkürzen, optisch verkleinert.

Womöglich haben Sie keine absolut perfekte Figur, doch es gibt keinen Grund, weshalb Ihre Haltung nicht trotzdem exzellent sein sollte. Gerade zu stehen oder zu sitzen, den Bauch ein- und die Schultern zurückzuziehen, wird Ihre Kleidung besser zur Geltung bringen. Gloria Swanson ist ein hervorragendes Beispiel dafür, was eine stolze Körperhaltung selbst für eine winzige Frau erreichen kann. Als sie vor einigen Jahren zurück ins Studio kam, um *Boulevard der Dämmerung* zu drehen, fragte ich sie, ob es ihr je etwas ausgemacht habe, dass sie so klein ist. Sie zeigte mir ihr strahlendes Lächeln und antwortete: »Nein, Edith, denn ich habe mich nie als klein verstanden. Ich *denke groß*.«

Groß zu denken, ist eine wunderbare Geisteshaltung für Frauen jeder Körpergröße, denn der daran beteiligte mentale Prozess richtet Ihr Rückgrat auf, hebt Ihr Kinn, strafft Ihre Schultern und zieht Ihren Bauch ein.

Sie mögen einwenden, eine sehr große Frau sollte nicht groß denken. Die meisten berühmten Mannequins beweisen jedoch, dass Sie mit dieser Sichtweise falsch liegen. Diese langstieligen Schönheiten sind einen Meter siebzig groß und noch größer, doch Sie werden nie beobachten, dass sie ihre Schultern hängen lassen, um sich kleiner zu machen. Die einzige Schauspielerin, die aus einer schlechten Haltung Kapital geschlagen hat, war meines Wissens ZaSu Pitts.

Kennen Sie Ihren Typ

Um sich erfolgreich zu kleiden, ist eine Figuranalyse unabdingbar, aber Ihren Typ zu kennen, ist fast genauso wichtig. Die meisten erfolgreichen Stars haben ihren Typ gefunden, der ganz einfach auszumachen ist, wenn Sie einmal darüber nachdenken.

Liz Taylor ist der Typ »Sirene«; Natalie Wood ist der »provokante« Typ; Sophia Loren der »kultivierte« Typ; Shirley MacLaine ist der »knabenhafte« Typ; Merle Oberon der »elegante« Typ; und Audrey Hepburn der »schicke« Typ. Welches *Ihr* Typ ist, sollte sorgfältig in Betracht gezogen werden, bevor Sie Kleidung oder Accessoires erwerben. Wenn Sie sich als »kultiviert« einordnen, werden Sie natürlich keine kurzen weißen Handschuhe und flachen Lackschuhe zu Ihrem neuen Schneiderkostüm tragen. Überlassen Sie diese dem »Kleinmädchen«-Typ. Sind Sie eher der »anständige« Typ, werden Sie in verführerischen schwarzen, eng anliegenden Kleidern verkleidet aussehen. Betonen Sie Ihre Frische mit knackigen, adretten Stoffen und klaren Farben. Favorisieren Sie den Glamour-Girl-Look, vergessen Sie weiße Stiefel und Miniröcke zugunsten von Kleidern mit dramatischen, figurbetonenden Schnitten.

Zum neuen »individualistischen« Typ, der auf jedem Bild anders aussehen kann, gehören: Jane Fonda, Virna Lisi, Candace Bergen, Tuesday Weld, Julie Christie, Samantha Eggar, Ann-Margret, Catherine Spaak, Sandra Dee, Geraldine Chaplin, Claudia Cardinale, Yvette Mimieux, Nancy Sinatra und Ursula Andress.

In vielerlei Hinsicht ist es für Sie leichter, bei dem Typ zu bleiben, den Sie für sich erwählt haben, als für einen Filmstar. Als ich Shirley Mac-Laine für *Immer mit einem anderen* ausstattete, verlangte ihre Rolle, dass sie ihren Typ mit jedem der fünf Ehemänner, die sie im Laufe des Films heiratet, verändert. Wenn Sie den Film gesehen haben, werden Sie sich daran erinnern, dass Shirley als einfaches Kleinstadtmädchen in Karobluse und Bluejeans begann und mit jedem Mann, den sie heiratete, die finanzielle und gesellschaftliche Leiter nach oben kletterte. Vom Fuß bis zur Spitze der Leiter waren Kleider im Wert von fünfhunderttausend Dollar und Juwelen im Wert von drei Millionen nötig, um die endgültige Metamorphose zu erreichen. Sie durchlief hier das gesamte Spektrum von absoluter Unschuld bis zum Gipfel kultivierten Glanzes – und was sie trug, ließ, gemeinsam mit ihren hervorragenden Schauspielkünsten, jede Verwandlung reibungslos verlaufen.

Beim typgerechten Kleiden gibt es eine Gefahr, auf die Sie achtgeben müssen – dass Sie es damit übertreiben. Behalten Sie Ihren Typ stets im Hinterkopf, aber gehen Sie nicht zu weit. Zu viel des Guten wird schnell zur Karikatur und Sie wollen schließlich nicht wie eine Comicfigur aussehen. Überzogene »kleine Mädchen« sehen mehr nach Valentinstagskarikaturen als nach jugendlichen Naiven aus und aufpolierte Sirenen gehören ins Witzeheft. Zügeln Sie Ihr Verlangen, einem Typ zu entsprechen, und Sie werden weder wie ein Modepüppchen noch wie ein Zirkuspferd erscheinen.

Wenn Sie nach der in diesem Kapitel empfohlenen Analyse die Botschaft über Ihre eigene Figur verstanden haben, stehen Sie vor einer Entscheidung.

Sie können sich so akzeptieren, wie Sie sind, Sie können sich aber natürlich auch entschließen, Ihre Proportionen durch Diät, Massagen und Sport zu verbessern. Wenn dies Ihr Ziel ist, kaufen Sie keine neue Kleidung, bis Sie es erreicht haben. Es ist sinnlos, Dinge für Ihre gegenwärtige Figur zu erwerben, wenn Sie zukünftig eine bessere haben werden. Wenn Sie allerdings die Willensstärke einer Shelley Winters haben, könnten Sie Ihr Ziel mit einem besonderen Anreiz anstreben. Miss Winters neigt dazu, zwischen zwei Filmen Gewicht zuzulegen, und wann immer sie zehn oder fünfzehn Pfund verlieren muss, zieht sie los und kauft sich mehrere Outfits, die ihr zu klein sind. Mit dem Wunsch, die neuen Kleider zu tragen, als Köder hält sie Diät, um hineinzupassen. Nur dann eine gute Idee, wenn Sie einen eisernen Willen haben.

Ob Sie nun tatsächlich irgendetwas an Ihren Proportionen ändern können oder nicht, die richtige Kleidung kann sie zumindest optisch verbessern. Stellen Sie sich dieses Experiment als wissenschaftliche Analyse vor. Sie mögen nur 4,95 Dollar für dieses Buch ausgegeben haben, doch die Diagnose, die es Sie zu stellen befähigt hat, ist viele Tausend Dollar wert, weil sie Ihnen für den Rest Ihres Lebens helfen wird, sich effektiver zu kleiden. Die Schaubilder, die auf dieses Kapitel folgen, sind die Verschreibungen für Ihr Problem. Nehmen Sie dieses Medikament. Und nehmen Sie es erneut. Es wird Ihnen versüßt, da sein Geschmack gut für *Sie* ist. Aber vermischen Sie die Rezepte nicht und nehmen eine Pille ein, die für jemand anderes gedacht war.

REZEPT FÜR DAS ANALYSIEREN IHRER FIGUR UND DIE RICHTIGE KLEIDUNG, UM SIE ZU VERBESSERN

1. Analysieren und lernen Sie Ihren Grundfigurtypen kennen.

2. Tun Sie alles in Ihrer Macht Stehende, um zu verbessern, was die Natur Ihnen gegeben hat.

3. Vergleichen Sie Ihre Größe und Ihren Typ mit dem Kleiderschaubild für die besten Grundsilhouetten.

4. Notieren Sie Ihre Stärken und Schwächen, halten Sie Ihre Maße und Ihre Analyse stets aktuell.

5. Ziehen Sie sich erfolgreich an, indem Sie Kleidung tragen, die nachweislich am besten für Ihren Typ geeignet ist.

7.

Wie man Farbe
erfolgreich einsetzt

7. Wie man Farbe erfolgreich einsetzt

Farbe ist womöglich der wichtigste Faktor für erfolgreiches Kleiden. Sie sollte wie ein Präzisionswerkzeug eingesetzt werden, um ein ansprechenderes Bild zu erzeugen und das Beste aus dem zu machen, was der liebe Gott Ihnen als Arbeitsgrundlage mitgegeben hat.

In seinem ersten Farbfilm reflektierte Hollywood die akzeptierte Farbpalette für Frauenbekleidung, die relativ einfach und größtenteils jahreszeitlich bedingt war. Es gab den schwarzen Tuchmantel für den Winter und den marineblauen fürs Frühjahr. Weiß war für den Sommer und Pastell für den Abend. Leuchtende, lebendige Farben waren fast ausschließlich auf Accessoires beschränkt; wurden sie in ganzen Outfits getragen, galt die Trägerin als »leichtlebig«. Vom Anbeginn der Zeit hat Farbe stets sowohl Verlangen als auch Appetit stimuliert und ist zum Symbol für viele Dinge in unterschiedlichen Formen geworden. Die Anmut einer Rose, die Boshaftigkeit einer Hexe, die Reinheit der Braut, die Schlechtigkeit von Neid, der Luxus des Königshauses, die Doppelzüngigkeit des Teufels – sie alle lassen lebhafte Bilder in bestimmten satten Farben vor unserem inneren Auge entstehen.

Wäre die Rose die beliebteste Blume der Welt, wenn Gott sie schwarz erschaffen hätte? Wäre Eva von dem Apfel verführt worden, wenn er weiß gewesen wäre? Würden Menschen in der Sonne baden, wenn deren Strahlen sie grün färben würden? Und wenn aus Orangen dunkellila Saft fließen würde, wären sie dann das beliebteste Frühstücksobst der ganzen Nation? Niemand kennt die Antworten auf diese Fragen, doch wir wissen, dass Farben einen eindeutigen Effekt auf uns haben, genauso wie auf Vögel und Bienen. Ohne anziehende Farben lägen keine Eier in den Nestern und es fände sich kein Honig im Bienenstock – und kein Lippenstift am Kragen des Ehemanns Ihrer besten Freundin.

Farbe in Ihrer Garderobe ist mehr als nur ein Augenschmeichler und auch nicht nur eine Frage der persönlichen Präferenz. Sie ist eine Art von Magie, die Sie von dem, was Sie sind, in das, was Sie gern wären, verwandeln kann. Sie kann Sie dünner oder dicker, jünger oder älter, verwegen oder schüchtern, langweilig oder aufregend, anständig oder ungezogen erscheinen lassen. Aber vor allen Dingen, und für unsere Zwecke hier am wichtigsten, kann sie Sie besser oder schlechter aussehen lassen. Die Farben, die Sie für Ihre Garderobe auswählen, sind so wichtig wie das Make-up, das Sie für Ihr Gesicht nehmen. Bitte betrachten Sie sie als kosmetisch. Farbe kann viel für Sie tun – für Ihre Haut, Ihre Haare, Ihre Augen und Ihre Figur.

Ihr Hautton gibt Ihnen den Hinweis darauf, welche Farben Sie tragen sollten, denn er wird am meisten von den Farben beeinflusst, die Sie dazu kombinieren. Haben Sie eine gesunde Gesichtsfarbe, die leicht rot wird, halten Sie sich von warmen Farben wie Rosenrot, Orange oder Knallrosa fern – und besänftigen Sie Ihr aufgeregtes, frisch geschrubbtes Erscheinungsbild, indem Sie kühles Beige, Pastelltöne, sanftes Grau oder Marineblau tragen.

Ist Ihr Teint dagegen eher elfenbeinblass, beleben Sie ihn mit warmem Türkis, Lippenstiftrosa oder Rot oder dramatisieren Sie ihn mit Schwarz, halten Sie sich jedoch von Weiß fern, wenn Sie nicht wie eine lebende Tote aussehen wollen.

In diesem Kapitel möchte ich mit Ihnen verschiedene Farbgruppen unter dem Aspekt diskutieren, was sie für Sie kosmetisch bewirken können.

Die eleganten Farben: In den Garderoben der meisten gut gekleideten Frauen werden Sie ein Vorherrschen wunderbar neutraler Farben finden. Farben, die für sich allein dezent und unauffällig sind, die aber der Schönheit von Schnitt und Design durchzuscheinen ermöglichen, da sie die Aufmerksamkeit nicht auf sich ziehen. Es sind ruhige Beigetöne, hellere Grautöne, Weiß, gebrochenes Weiß und natürlich Schwarz. Diese Farben sind jedes Jahr in Mode und kennen keine Jahreszeit. Sie sind fundamentale Bestandteile der Garderoben von Filmstars und modebewussten Frauen auf der ganzen Welt. Im Schrank der Durchschnittsfrau, die sich mit schmalem Geldbeutel einkleidet, bieten sie den Vorteil von

Wirtschaftlichkeit, da sie durch Hinzufügen verschiedener Accessoires unbegrenzt wandelbar sind. Sie eignen sich für die rasche Zauberei von leuchtenden Tüchern, dramatischem Schmuck und bunten Hüten, die sie immer wieder anders und immer wieder neu aussehen lassen.

Die jungen Farben: Von jugendlichem Wesen und die Aufmerksamkeit auf sich ziehend, sind diese Farben nicht notwendigerweise allein denen vorbehalten, die jung an Jahren sind. Tragen Sie sie, wenn sie Ihrem Teint schmeicheln, um Ihrer Haut gesunden Glanz zu verleihen, Ihre Augen leuchten zu lassen und Ihre Vorzüge herauszustreichen. Darunter fallen die süßen, unschuldigen Pastelltöne – Rosa, Blau, Gelb – sowie Knallrot und Dunkelblau. Ich empfehle niemandem über zwölf ein komplett knallrotes Outfit, aber ein Hauch Rot zu Marineblau, Weiß oder Schwarz kommt oftmals einem Facelifting nahe. Gekonnt für Hüte, Schals, Blusen und Accessoires ausgewählte frische, junge Pastelltöne können ein dunkles oder neutrales Outfit viel vitaler erscheinen lassen und sind die perfekten jugendlichen Kontraste für Frühlings- und Sommerkleider, Kostüme und Sportkleidung.

Die Schlankmacher-Farben: Sie brauchen sicher keinen Experten, der Ihnen erklärt, dass ein gerade geschnittenes schwarzes Kleid Ihre Kilos optisch schneller schmelzen lassen wird als eine Woche mit hartgekochten Eiern. Natürlich täuschend, dennoch befriedigend ist das schicke kleine Schwarze, das womöglich aus genau diesem Grund in letzter Zeit zur Uniform aller schlauen Frauen überall geworden ist. Wenn Sie allerdings eher den üppigen Schönheiten ähneln, wie sie von Rubens gemalt wurden, statt den modisch langgestreckten Ladys von Modigliani, gibt es keinen Grund dafür, sich von Kopf bis Fuß nur noch schwarz zu kleiden. Andere dunkle Farben sind ebenso effektiv und können viel vorteilhafter für Ihren Hautton sein. Dunkles Zobelbraun ist eine satte und wunderbare Farbe, um schlanker zu erscheinen, ebenso Dunkelgrau oder Marineblau, wobei letztere den Vorteil hat, jung, jünger, am jüngsten zu sein.

Die aufregenden Farben: Dies sind die Farben, bei denen jeder zweimal hinsieht. Die lebhaften, leuchtenden, ausgefallenen Farben, die prickeln und jede Atmosphäre, in der sie auftauchen, zu durchstechen scheinen. Sehr beliebt in der Sportbekleidung, haben viele von ihnen auch den Weg in Mäntel, Kostüme und Accessoires gefunden, um der Modewelt mehr Glanz, Spaß und Vergnügen zu verleihen. Wenn eine davon zu Ihnen passt und Ihrem Hautton schmeichelt, tragen Sie sie gern. Dazu gehören Orange und Capucine, Pfauen- und Persischblau, Smaragd- und Chartreusegrün, Lila, Rot und Schiaparellis Geschenk an die aufregende Mode – Shocking Pink.

Vor dreißig Jahren sah man diese Farben kaum außerhalb eines Zirkuszelts oder Sultansharems, aber der Trend in Richtung lässigeres Freizeitleben – und der Zusammenbruch der Konventionalität des Kleidens – hat das Farbrad in ein leuchtendes Kaleidoskop verwandelt, in dem alles *zusammen*geht. Kombinationen, die einst Zigeunertänzerinnen und italienischen Straßenfesten vorbehalten waren, sind nun nicht nur akzeptabel, sondern geradezu chic. Persischblau zusammen mit leuchtendem Gelbgrün, Lila mit Knallpink, Chartreusegrün mit Türkis, Orange mit strahlendem Blau sind sowohl in Kleidungsstücken als auch in der Dekoration des Heims in der heutigen Zeit so sehr in Mode, wie es Großmutters Posamenten in ihrer waren. Ein ganzer Schrank voller aufregender Farben wäre meiner Ansicht nach allerdings zu hektisch für die meisten Frauen – von ihren armen, leidenden Ehemännern einmal ganz abgesehen. Wie Kaviar und Champagner – oder passender, wie Schnecken und Froschschenkel – sind diese Farben wunderbar in kleinen Dosen, aber nicht als tägliches Brot. Setzen Sie sie als Gesprächsstoff ein, in kleinen Portionen für Haus- und Sportkleidung. Wenn sie Ihnen stehen, nutzen Sie Hüte, Schmuck, Tücher und Bordüren als Interpunktionszeichen für Outfits in dezenteren Farben.

Die Farben, die Männern gefallen: Es ist schon viel über Farben gesagt und geschrieben worden, die männliche Wesen anlocken. Es scheint auf einen Streit zwischen Rot und Blau hinauszulaufen. Eine Seite des mystischen, namenlosen Orakels, das den ganzen Streit lange vor unser aller Geburt begonnen hat, behauptet: »Alle Männer lieben Rot. Weshalb hätte Adam sonst so gierig nach dem Apfel greifen sollen? Warum drehen sich Männer immer nach einer Frau in einem roten Hut um (besonders wenn sie eine Figur wie Sophia Loren hat)? Wieso schicken Männer rote Rosen, um ihre Hingabe auszudrücken?« Auf diese Weise schlägt die »Männer sind verrückt nach Rot«-Fraktion die Werbetrommel für ihre Lieblingsfarbe. Die Blauen halten dagegen: »Sehen Sie nur, was Männer für sich selbst kaufen. Blau. Blaue Anzüge, blaue Krawatten, blau gestreifte Hemden, blaue Badehosen. Zählen Sie. Männer kaufen mehr Blau als jede andere Farbe«, rufen sie den Roten empört entgegen. »Wenn eine Frau einem Mann gefallen will, sollte sie Blau tragen.«

Auf die Gefahr hin, als Nonkonformistin, Renegatin und Extremistin in dieser nie gelösten Frage zu gelten, erkläre ich beherzt: »Die Lieblingsfarbe eines jeden Mannes ist die Farbe eines hübschen Mädchens.« Ziehen Sie ihr an, was Sie möchten, sogar Himmelblau zu Pink. Wenn es an *ihr* gut aussieht, wird er es kaufen! Aus diesem Grund behaupte ich, die besten Farben, um einem Mann zu gefallen, sind die, in denen Sie am besten aussehen. Und das bringt uns zu den wichtigsten Farben von allen.

Ihre Farben: Ihre Farben sind selbstverständlich die, in denen Sie am besten aussehen. Ich habe Ihnen bereits geraten, Ihre Figur zu analysieren. Nun bitte ich Sie, Ihr Farbschema zu definieren. Nur so können Sie herausfinden, welche Töne Ihnen stehen und von welchen Schattierungen Sie sich lieber fernhalten. Stellen Sie sich mit Bleistift und Notizblock vor den Spiegel. Jetzt sofort. Nehmen Sie dieses Buch mit. Wenn das Licht über Ihrem Spiegel nicht gut ist (wieso ist es das nicht?), treten Sie mit einem Handspiegel vors Fenster. Nehmen Sie Ihre Haut sorgfältig und ehrlich in Augenschein. Ist sie wirklich hell? Gehen Ihre Hautpigmente in Richtung Pink, Gelb oder Hellbraun? Haben Sie einen dunkleren, olivfarbenen Hautton? Schreiben Sie Ihren Hautton neben »Haut« auf den Block, gekennzeichnet mit einem der eben angegebenen Adjektive. Nun zu Ihrem Haar (ob natürlich oder durch Ihren Friseur nachgeholfen). Schreiben Sie neben »Haar«, ob Sie derzeit blond, brünett oder rothaarig sind. Schreiben Sie direkt darunter »Augen« und notieren Sie sorgfältig eine der folgenden Farben: Hellblau, Dunkelblau, Haselnussbraun, Grau, Hellbraun, Dunkelbraun, Grün.

Was Sie aufgeschrieben haben, sind *Sie* in Technicolor. Dies ist Ihre Farb-Aura. Welche Farben lassen sich diesem Bild von Ihnen hinzufügen, um Sie hübscher, jünger, attraktiver und begehrenswerter zu machen? Mischen wir nun Ihrem persönlichen Erfolgsporträt die noch fehlenden Farben bei.

Wenn Sie helle, makellose Haut haben, stehen Ihnen wahrscheinlich grundsätzlich alle Farben – aber manche besser als andere. Blauäugige Blonde mit solcher Haut sehen in Blau ganz wunderbar aus, insbesondere den zarten Türkistönen, die ihre Augen wie das Mittelmeer leuchten lassen. Rothaarige mit demselben Hautton, aber grauen Augen, sollten sich auf Grün konzentrieren, da sich ihre Augenfarbe chamäleonartig verändern kann.

Rat für fahle Gesichtshaut

Unabhängig von den anderen Farben in Ihrem »Bild« (Augen und Haare), halten Sie sich von allen Farben fern, die einen gelblichen Stich haben: Gelb, Gelbbeige, Orangerot, Gelbbraun, Gold und Lohfarben. Helle Farben wie Pastelltöne und Weiß sind gut, da sie Sie eher gebräunt als gelblich erscheinen lassen. Sie können Schwarz tragen, jedoch am besten mit einer helleren Farbe in Form eines Kragens oder einer Bordüre in der Nähe Ihres Gesichts. Rosige Farben, die eher einen Blau- statt einen Gelbstich haben, sind ebenfalls ein guter Tipp. Hier sind ein paar Ratschläge zur Farb-Aura berühmter Stars. Gleicht Ihre Farb-Aura einer von ihnen?

Grace Kelly und Lana Turner: helles Haar, helle Haut, blaue Augen. Beste Farben: alle Blau- und Grüntöne, Violett, Lila und mittelbraune Schattierungen. Sie meiden sehr helle Naturfarben.

Julie Andrews: hellbraunes Haar, helle Haut, blaue Augen.

Beste Farben: Blau, Violetttöne, weiches Gold, Blaugrau.

Nancy Kwan und France Nuyen: dunkles Haar, goldene Haut, haselnussbraune Augen.

Beste Farben: klare Rot- und Orangetöne, Elfenbeinfarben, Blassrosa, Schwarz und Dunkelgrau.

Sophia Loren: dunkles Haar, olivfarbene Haut, haselnussbraune Augen.

Beste Farben: Pink, Pfirsichfarben, Apricot, Beigetöne, Elfenbeinfarben und Schwarz, Hellrot und Dunkelgrau.

Elizabeth Taylor und Vivien Leigh: dunkles Haar, helle Haut, blaue Augen.

Beste Farben: unter anderem in Richtung Violett und Lila gehende Blautöne. Warmes Pfirsichbeige, Blassrosa, Elfenbeinfarben.

Lena Horne und Eartha Kitt: dunkles Haar, Haut, Augen.

Beste Farben: »gräuliche« Blautöne, Grün, Pink-Pfirsichfarben-Beige, Elfenbeinfarben.

Natalie Wood: dunkles Haar, helle Haut, dunkle Augen

Beste Farben: klare, kräftige Rot-, Blau- und Grüntöne. Warmes Apricotbeige, Dunkelbraun, Elfenbeinfarben.

Samantha Eggar und Ann-Margret: rotes Haar, helle Haut, blaue Augen.

Beste Farben: Hell- und Mittelgrün, Blau, Violett, Lila, mittlere Brauntöne, Beige, Pastelltöne.

Shirley MacLaine: braunes Haar, helle Haut, blaue Augen.

Beste Farben: Apricot, Mintgrün, Blassrosa, Blau, Rosabeige, mittlere Brauntöne.

Barbara Stanwyck: silbernes Haar, helle Haut, blaue Augen.

Beste Farben: Grau, von hell bis dunkel, Blau, Violett, Lila, Hell- bis Mittelgrün.

Kim Novak und Tuesday Weld: blondes Haar, helle Haut, braune Augen.

Beste Farben: Blautöne, Violett, Zartgrün, Goldbeige, Weiß.

Farbe ist vielleicht das hilfreichste und günstigste Element für erfolgreiches Kleiden. Farbe kann Ihr bester Freund oder Ihr schlimmster Feind sein. Sie kann Sie jünger oder älter, dünner oder dicker, schäbig oder chic wirken lassen.

Ich habe ein komplettes Farb-Aura-Schaubild ausgearbeitet, auf dem die richtigen Farben verzeichnet sind, die einander ergänzen, um Ihnen bei Ihrer eigenen Auswahl zu helfen. Dabei habe ich Schwarz und Weiß ausgelassen, die für mich die wichtigsten Farben des gesamten Spektrums sind, da sie beide notwendiger Bestandteil des Farbschemas einer jeden Frau sind, unabhängig von Ihrer Farb-Aura.

Ich habe für praktisch jede Schauspielerin in der Filmindustrie Kleider entworfen. Jede von ihnen hat ihre eigene Farb-Aura – und wir verwenden dieses Schaubild als Basis für die Farbe ihrer Kleidung.

Die Psychologie der Farbe

Tatsächlich sind sich die meisten Frauen, auch die Stars, dieser Methode nicht bewusst. Ich kenne sie, denn seit ich begonnen habe, Kleider zu entwerfen, ist stets eine der ersten Bitten jeder Schauspielerin gewesen, ich möge sie bloß nicht Rot oder Blau tragen lassen, oder welche Farbe auch immer sie ablehnt. Dafür gibt es einen tief gehenden psychologischen Grund. Sie fühlt sich in dieser Farbe nicht wohl. Menschen reagieren unterschiedlich auf dieselben Farben. Manche Frauen werden von Grün deprimiert, von Lila betrübt und von Gelb argwöhnisch. Aber im Allgemeinen haben die meisten Frauen ein eindeutiges Gefühl gegenüber den Farben, die am besten für sie sind.

Einmal habe ich ein Kleid für Barbara Stanwyck entworfen, das zu einem Nerzmantel passen sollte. Dies war, bevor man Pelze färbte, und ein Nerzmantel war eben nerzbraun. Barbara warf einen Blick auf das Kleid und sagte: »O nein, nicht *braun* – ich würde mich darin verabscheuen! Dann lasse ich lieber den Nerzmantel weg.« Hätte ich damals schon über Farb-Auren gewusst, was ich heute weiß, hätte ich ein braunes Kleid für sie noch nicht einmal in Betracht gezogen. Sie fühlt sich in Braun nicht wohl und keine Frau sollte eine Farbe tragen, in der sie sich nicht hübsch fühlt.

Kim Novak liebt Lavendel und Lila in allen Schattierungen. Lee Remick, ebenfalls eine Blondine, sagt: »*Alles* außer Lavendel. Mir würde schlecht werden und wahrscheinlich würde ich auch so aussehen.« Debbie Reynolds, die alle Grüntöne mag, findet, dass sie sie schöner machen. Sophia Loren, mit ihrer eigenen dramatischen Farbgebung, würde am liebsten nichts anderes als Schwarz und Weiß tragen. Shirley MacLaine variiert ihre Farb-Aura abhängig von ihrer Rolle in einem Film, aber wenn sie ihr privates Selbst ist (sie ist eine Brünette mit sehr heller Haut), fühlt sie sich in Blau am wohlsten und sieht darin auch am besten aus. Natalie Wood trägt am liebsten laute, klare Farben – Leuchtendgelb, Scharlachrot, aber auch Schwarz und Weiß. Elizabeth Taylors Lieblingsfarben sind Französischblau, Lavendel und Weiß.

Seien Sie sich einer Sache sicher: Farbe kann nicht nur die Erscheinung, sondern auch die Stimmung jeder Frau vollständig verändern, ob sie nun Schauspielerin oder Hausfrau ist.

Denken Sie daran, dass in der Modewelt jede Saison eine neue Farbe als *die* Trendfarbe aufkommt. Das mag Olivgrün, Zimtbraun, Magenta oder Pfauenblau sein. Kaufen oder tragen Sie jedoch *keine* Kleidungsstücke in einer Farbe, die Ihnen nicht steht, ganz gleich, was das Modeorakel sagt. Es ist eine große Versuchung, wenn die Verkäuferin insistiert: »Aber, Madame, das ist die *neuste* Farbe aus Paris.« Bleiben Sie standhaft – denken Sie daran, wenn Ihre Farb-Aura dieser Farbe ablehnend gegenübersteht, werden Sie darin niemals richtig aussehen oder sich glücklich fühlen.

Farbe ist nicht willkürlich

Ich glaube fest daran, dass Farbe bewusst und aus einem bestimmten Grund ausgewählt werden sollte, genauso wie Sie die Lebensmittel für verschiedene Mahlzeiten auswählen würden. Für einen gesellschaftlichen Lunch servieren Sie nicht dasselbe Menü wie für ein Pfadfinderpicknick – und Sie tragen auch nicht zu jeder Gelegenheit dieselben Farben. Farbe zieht die Blicke schneller auf sich als jeder Schnitt oder jede Silhouette. Laute, kräftige Farben sind an Orten des Gebets oder bei jeglichem feierlichen Anlass fehl am Platz – etwa bei Beerdigungen oder förmlichen Hochzeiten. Zu Gelegenheiten, die nach Freude und Fröhlichkeit verlangen, sollte man dagegen keine düsteren Töne tragen.

Farbe ist eine der besten Tarnungskünstlerinnen, die je erdacht wurden, wie die Tarnfarben der Natur so schön beweisen. Ich werde Ihnen alle Regeln der Tarnung in einem kommenden Kapitel über erfolgreiche Modetarnung enthüllen.

Die drei Grundlagen Ihrer Farb-Aura

Um auf die drei grundlegenden Elemente Ihrer Farb-Aura zurückzukommen, akzeptieren Sie Ihre Augenfarbe so, wie sie ist. Die Farbe Ihrer Haut lässt sich drastisch verändern, wobei ich nur kleine Schritte anrate. Wenn eine Frau mit olivfarbenem Teint viele Gelbpigmente hat, würde ihr ein wärmerer Make-up-Ton womöglich gut stehen. Ist der Hautton fahl und farblos, schaffen Sie unbedingt mit Farbe Abhilfe.

Was das Make-up angeht, halte ich mich entschieden an eine Regel: Make-up sollte nicht wie Make-up aussehen – es sollte unsichtbar sein. Es sollte lediglich Ihre besten Stellen hervorheben und Ihre Mängel ausbessern. In beinahe jeder Zeitschrift findet sich ein Schaubild zur richtigen Verwendung von Make-up und meine Regel lautet: Wenn Sie es nicht wissen, finden Sie es heraus. Gehen Sie in eine Parfümerie oder die Kosmetikabteilung eines Kaufhauses. Jede Kosmetiklinie hat Schaubilder und Informationen darüber, was man wie verwenden sollte. Denken Sie daran, dass Farbe im Make-up heimtückisch sein kann – besonders für die älteren Bürgerinnen unter uns, da zu viel Farbe eine ältere Frau nur noch älter erscheinen lässt.

Der dritte Faktor in Ihrer Farb-Aura sind Ihre Haare – und über diese haben Sie die vollkommene Kontrolle. Die Farbe Ihrer Haare zu verändern, einst als leichtlebig verschrien, ist heute nicht ungewöhnlicher als das Verändern der Nagellackfarbe. Aber auch dies kann sich als heimtückisch erweisen, da Ihre Haarfarbe zu Ihrer Farb-Aura gehört und *nicht* mit den anderen beiden Elementen disharmonieren darf – der Farbe Ihrer Augen und Ihrer Haut.

Ich glaube, dass Haarfarbe am erfolgreichsten ist, wenn Sie Ihre natürliche Haarfarbe intensiviert und zum Leuchten bringt. Wir leben jedoch in einem Zeitalter der Experimente und wenn Sie Ihre Haarfarbe drastisch verändern möchten, lautet mein Rat: *Probieren Sie zuerst eine Perücke an.* Vielleicht steht Ihnen eine neue Haarfarbe gut und wirkt wahre Wunder für Sie, aber sie könnte sich auch als Desaster erweisen. Die Perücke können Sie zumindest wieder abnehmen!

Graues oder weißes Haar finde ich übrigens wundervoll. Wenn Sie jedoch einen guten Grund haben, es zu verändern, dann *tun Sie es!* Wir sind in Amerika so geblendet vom Bild der Jugend, dass junges Aussehen fast zu einer Manie geworden ist. Wenn graues Haar Ihnen das Gefühl gibt, vorzeitig zu altern, oder wenn Sie es als geschäftlichen Nachteil empfinden, dann verdecken Sie das Grau.

Einige der schönsten Frauen, die ich kenne, haben silbriges Haar – Barbara Stanwyck zum Beispiel – und ich weiß, dass graues und weißes Haar einem älteren Gesicht oft viel mehr schmeichelt als eine leuchtendere Farbe. Dies ist jedoch eine sehr persönliche Frage, die nur Sie selbst entscheiden können. Wenn Sie sich allerdings entschließen, das Grau zu verdecken, rate ich Ihnen, zu versuchen, zu Ihrer ursprünglichen Haarfarbe zurückzukehren, statt eine extreme Verwandlung vorzunehmen.

Und vergessen Sie nicht, wann immer Sie Ihre Haarfarbe verändern, verändern Sie dabei auch Ihre Farb-Aura.

Ich habe sehr entschiedene Ansichten über Farben, weil ich weiß, was sie erreichen können – sowohl im Guten als auch im Schlechten. Vor jedem bedeutenden Dreh machen wir Probeaufnahmen der Stars mit unterschiedlichen Make-ups, Haarfarben und Kleidern. Wir rätseln nicht lange herum – wir finden es heraus. Manchmal verwenden wir absichtlich eine schlechte Farbe, um einen Star unattraktiv oder alt, vulgär oder beliebig anders aussehen zu lassen – da Farbe, mehr als jede andere Facette der Mode, verändern kann, wie jemand aussieht.

Schauspielerinnen müssen sich mit Farben auskennen. Wie sie aussehen und sich kleiden, ist Teil ihrer Karriere, ihres Lebens und viele der auffallendsten Stars haben eine ganz spezielle und außergewöhnliche Farb-Aura. Nehmen Sie zum Beispiel Lena Horne, eine der glanzvollsten Frauen in der Theaterwelt. Sie weiß ihre lebhafte schwarze Schönheit durch das Tragen von Korallenrot, hellem Türkis und Weiß zu dramatisieren, um ihre Farb-Aura hervorzuheben.

Ein kompletter Kontrast dazu ist Carroll Baker – mit sehr heller Haut, sehr blauen Augen und beinahe platinblondem Haar. Sie bleibt nah bei ihrer Farb-Aura, indem sie Platinbeige, hautfarbenes Rosa und Weiß trägt.

Der dritte, vollkommen andere Farbtyp ist Nancy Kwan mit ihrer olivgoldenen Haut und ihren dunklen Haaren und Augen – und sie trägt die Farben Gold, Scharlachrot, Beige und Olivgrün.

Dies sind drei deutlich unterschiedliche Arten von schönen Frauen mit komplett unterschiedlichen Farb-Auren, die sie zu betonen gelernt haben, indem sie Farbe zu einer Erweiterung ihrer Persönlichkeit machten.

Jede Farb-Aura zieht komplementäre Farben an – und das Farben-Schaubild wird Ihnen helfen, die schmeichelhaftesten Farben für Sie auszusuchen. Denken Sie jedoch daran, dass keine Regel zu dogmatisch befolgt werden sollte. Wenn Ihre Farb-Aura Ihnen eine kühle Farbpalette empfiehlt, heißt das nicht, dass Sie sich ausschließlich in diesen

Farben kleiden müssen. Ein Kontrast ist stimulierend und ohne ihn könnte Mode monoton werden. Haben Sie keine Angst vor Farben, *experimentieren Sie*. Probieren Sie Farbakzente aus – und denken Sie daran, dass Farbe der beste Garderoben-Vergrößerer der Welt ist. Ein Kleid oder ein Kostüm kann durch den Einsatz von Farbe in Schmuck, Blusen und Tüchern radikal verändert werden. Ein beigefarbenes oder graues Kostüm beispielsweise könnte das ganze Jahr hindurch getragen werden, wenn man saisonale Farbakzente hinzufügt: Weiß für den Sommer, Rostbraun für den Herbst, leuchtendes Scharlachrot für den Winter und Pastell – blasses Rosa, Blau oder Gelb – für den Frühling.

Eine Frau kann ein neutrales Kleid oder das gute alte Basis-Schwarz tragen und durch Hinzufügen andersfarbiger Hüte und anderer Accessoires ganz neue Looks erzielen.

Denken Sie daran, leuchtende Farben ziehen das Auge an – dosieren Sie sie also sparsam. Eine lebendige Farbe wird am besten in *kleinen* Bereichen wie etwa den Accessoires eingesetzt – und dann nicht zu oft wiederholt. Ich bevorzuge es, einen farblichen Akzent nur zweimal zu verwenden – zum Beispiel ein schwarzes Kleid mit Hut und Schuhen in Pink, jedoch niemals auch noch mit einer pinken Handtasche und pinken Handschuhen. Im Film nennen wir diese Akzente »Blickfänger« und wenn das Auge in zu viele Bereiche springen muss, ist das Resultat verwirrend – und kein gutes Outfit.

Den größten Teil ihres Kleiderbudgets gibt eine Frau für Basisteile aus – Kostüme, Kleider, Mäntel, Sportbekleidung. Bei diesen grundlegenden Stücken sollten Sie auf Ihre eigenen Komplementärfarben achten – und dann farbliche Akzente setzen, um sie zu variieren und ihren Nutzen zu steigern.

Wenn Sie Ihre Aura in den Listen am Ende dieses Kapitels studieren, werden Sie die grundlegenden Komplementärfarben sehen, die zur Basis *Ihrer* Farbauswahl werden sollten. Nun, da Sie Ihre Farb-Aura kennen – färben Sie sich selbst *schön!*

Zu dick? Farbe kann Sie schlanker machen!

Je dunkler eine Farbe, desto schlanker wirkt die Figur. Wenn Sie *rundum* füllig sind, tragen Sie mitteldunkle bis dunkle Kleidung. Das heißt nicht, dass Sie Schwarz oder düstere Farben tragen müssen, aber stellen Sie sicher, dass der *Farbwert* dunkel ist! Sind bei Ihnen bestimmte Körperbereiche umfangreicher, konzentrieren Sie sich in diesem Bereich auf dunkle Farben. Zum Beispiel: Ist Ihre Figur über der Taille schmal und darunter schwerer – tragen Sie hellere Oberteile und dunklere Farben unterhalb der Taille. Für den umgekehrten Figurtyp gilt das genaue Gegenteil. Denken Sie daran, helle Farben fügen Gewicht hinzu, dunkle minimieren es.

Zu dünn?

Farbe kann Sie breiter wirken lassen. Je heller die Farbe, desto schwerer werden Sie aussehen. Wenn Sie am ganzen Körper *dünn* sind, tragen Sie mittelhelle bis helle Farben, um die Illusion von mehr Gewicht zu erzeugen. Wenn Sie in bestimmten *Bereichen* zu dünn sind, konzentrieren Sie sich auf die Verwendung von hellen Farben in diesen Bereichen und nutzen Sie die dunkleren Schattierungen in den Bereichen Ihrer Figur, in denen Sie schwerer sind. Beispielsweise: Wenn Sie kopflastig sind – also schwer oberhalb der Taille und darunter zu dünn – tragen Sie die dunkleren Farben oberhalb und die helleren Töne unterhalb der Taille.

Zu groß? Farbe kann Größe minimieren!

Verwenden Sie das System des farblichen Bruchs. Tragen Sie Oberteil und Rock in verschiedenen Farben oder Farbwerten – Rock und Bluse, Rock und Überbluse, Rock und Jackett oder ein zweifarbiges Kleid. Dasselbe gilt für Hosen und Oberteile. Erzeugen Sie einen farblichen Bruch um die Taille durch einen kontrastierenden Gürtel, eine Schärpe, einen Kummerbund oder eine Krawatte.

Zu klein?

Vermeiden Sie farbliche Brüche – verwenden Sie nur eine Farbe. Tragen Sie dieselben Farbwerte in ein- oder zweiteiligen Kleidern und in Hosen und Oberteilen. *Meiden* Sie Kontrastfarben oder zu breite Gürtel. Betonen Sie ungebrochene Linien und einheitliche Farben.

Farbe kann Sie jünger erscheinen lassen!

Der Farb*wert* statt der Farbe selbst erzeugt den Eindruck von Jugend. Hellblau ist beispielsweise jugendlicher als Dunkelblau. Eine Frau, die jünger wirken möchte, sollte sich jedoch klarmachen, dass eine zu jugendliche Farbe, wie Babyblau oder -rosa, das genaue Gegenteil erreichen und die Aufmerksamkeit auf ihr Alter lenken kann. Die beste Farbformel, um eine Frau jünger erscheinen zu lassen, besteht darin, *mittlere* Farbwerte im Outfit und *helle* Farbwerte am Ausschnitt zu tragen.

Farbe kann Sie reifer wirken lassen!

Farben *und* Farbwerte können dazu beitragen, Sie reifer wirken zu lassen, insbesondere bei Verwendung einer dunkleren Farbpalette und gedämpften oder graustichigen Farben der helleren bis mittleren Farbskalen. Selbstverständlich neigen dunklere Farben dazu, jede Frau reifer erscheinen zu lassen, und das Fehlen von leuchtenden Farben hat denselben Effekt. Beispielsweise kann Ihnen ein zartes leuchtendes Blau ein jugendliches Aussehen verleihen; ein zartes Graublau dagegen kann Sie reifer wirken lassen.

Farbe kann Sie eleganter aussehen lassen!

Da Farbe eine so persönliche Angelegenheit ist, wird jede Frau in den Farben eleganter aussehen, die zu *ihr* gehören – die Farben, die sie aus ihrer eigenen Farb-Aura auswählt (siehe Farb-Aura-Schautafel). Die angesagten eleganten Farben variieren jedes Jahr und jede Saison, doch die wahrhaft schicke Dame trägt die Farben, die ihr stehen, und lässt sich niemals von Farben überwältigen.

Farben können Sie schäbig wirken lassen!

Nachlässige Verwendung von Farbe kann jede Frau schäbig wirken lassen. Damit sind Farbmischungen gemeint, die nicht harmonisch sind und unschön wirken – etwa zu kräftige Farben, die nicht in Ihre Farb-Aura gehören. Das andere Extrem ist die Auswahl von tristen, hässlichen und monotonen Farben ohne jeden bunten Akzent zur Linderung.

HAAR	HAUT	AUGEN	FARBEN
Schwarz	Dunkeloliv bis Dunkelolivgolden	Dunkelbraun bis Schwarz	Koralle, Scharlachrot, Beige, Olivgrün
Schwarz	Mittel	Mittelgrün, Grau, Haselnussbraun	Feuerrot, Laubgrün, Narzissengelb, Gelb, Kastanienbraun
Schwarz	Hell	Hellblau, Veilchenblau	Veilchenblau, Geranienrot, kräftiges Rosa, Taubenblau
Dunkelbraun	Dunkeloliv bis Dunkel	Dunkelbraun bis Schwarz	Dunkelorange, Pastellgelb, Kakaobraun, Gold
Dunkelbraun	Mittel	Mittelgrün, Haselnussgrau	Blassrosa, Blauviolett, Moosgrün, Zobelbraun
Dunkelbraun	Hell	Hellblau, Veilchenblau	Französischblau, Purpurrot, Mauve, Dunkelviolett

HAAR	HAUT	AUGEN	FARBE
Mittelbraun	Olivfarben	Dunkelbraun bis Schwarz	Chromgelb, Jadegrün, helles Hennarot, Kamelhaarfarben
Mittelbraun	Mittel	Mittelgrün, Haselnussgrau	Chartreusegrün, Waldgrün, Topasblau, Dunkelbraun
Mittelbraun	Hell	Hellblau, Veilchenblau	Lavendel, Taubenblau, kräftiges Rosa, Saphirblau
Hellbraun	Olivfarben	Dunkelbraun, Schwarz	Farngrün, Beige, Blaugrau, Zinnoberrot
Hellbraun	Mittel	Mittelgrün, Grau, Haselnussbraun	Rosabeige, Altgold, Graugrün, Zimtbraun
Hellbraun	Hell	Hellblau, Veilchenfarben	Kirschrot, Blauviolett, Fichtengrün, Grau
Dunkelrot	Olivfarben	Dunkelbraun, Schwarz	Feuerrot, Kakaobraun, Beige, Jadegrün
Dunkelrot	Mittel	Mittelgrau, Grün, Haselnussbraun	Bernsteinfarben, Ziegelrot, Lindgrün, Waldgrün

Farbe

HAAR	HAUT	AUGEN	FARBE
Dunkelrot	Hell	Hellblau, Veilchenblau	Blaugrün, Muschelrosa, Elfenbeinfarben, Dunkelblau
Mittelrot	Olivfarben	Dunkelbraun, Schwarz	Koralle, Topasblau, Seegrün, Tabakbraun
Mittelrot	Mittel	Mittelgrau, Grün, Haselnussrosa	Altgold, Gelbgrün, Rostbraun, Melone
Mittelrot	Hell	Hellblau, Veilchenblau	Türkis, Erdbeerrosa, Mintgrün, dunkles Blauviolett
Hellrot	Olivfarben	Dunkelbraun, Schwarz	Chartreusegrün, Henna, Apricot, Mintbraun
Hellrot	Mittel	Mittelgrau, Grün, Haselnussbraun	Moosgrün, Pfirsichfarben, Rostbraun, Gold
Hellrot	Hell	Hellblau, Veilchenblau	Blasstürkis, Zimtbraun, helles Blauviolett, warmes Beige
Dunkelblond	Olivfarben	Dunkelbraun, Schwarz	Lackrot, Altrosa, Graubraun, Gelbgrün

HAAR	HAUT	AUGEN	FARBE
Dunkelblond	Mittel	Mittelgrau, Grün, Haselnussbraun	Smaragdgrün, Senfgelb, bittersüßes Orange, helles Taupe
Dunkelblond	Hell	Hellblau, Veilchenblau	Muschelrosa, Türkis, Zitronengelb, helles Marineblau
Mittelblond	Olivfarben	Dunkelbraun, Schwarz	Beige, Mokkabraun, Chinarot, Kieferngrün
Mittelblond	Mittel	Mittelgrau, Grün, Haselnussbraun	Orangerot, Kanariengelb, Dunkelolivgrün, Herbstbraun
Mittelblond	Hell	Hellblau, Veilchenblau	Pfingstrosenrosa, Champagnerbeige, dunkles Blauviolett, Preiselbeerrot
Hellblond	Olivfarben	Dunkelbraun, Schwarz	leuchtendes Orange, zartes Avocadogrün, dunkles Rosa, Goldbeige
Hellblond	Mittel	Mittelgrau, Grün, Haselnussbraun	Ultramarinblau, Mimosengelb, Erdbeerrosa, Biberbraun

Farbe

HAAR	HAUT	AUGEN	FARBE
Hellblond	Hell	Hellblau, Veilchenblau	Platinbeige, hautfarbenes Rosa, Lavendel, Dunkelblau
Dunkel-grau	Olivfarben	Dunkelbraun, Schwarz	Mittelrosa, Bordeauxrot, Amethystblau, Petrol
Mittelgrau oder Silber	Mittel	Mittelgrau, Grün, Haselnussbraun	Blasstürkis, Blassgelb, Smaragdgrün, Himbeerrosa
Mittelgrau oder Silber	Mittel	Hellblau, Veilchenblau	Silbergrau, Zartblau, Rubinrot
Weiß	Hell	Hellblau, Veilchenfarben	Violett, Türkis, Zartrosa, Saphirblau

8.

Erfolgreiche modische Tarnung

8. Erfolgreiche modische Tarnung

Die jüngste Beliebtheit von Op-Art hat uns allen gezeigt, wie leicht das Auge durch Muster und Farben ausgetrickst werden kann. Tarnung täuscht den Feind in Kriegszeiten, kann jedoch ebenso verwendet werden, um Ihre geheimen Defizite zu verbergen. Wenn Sie eine der landesweiten Op-Art-Ausstellungen besucht haben, fanden Sie es bei einigen der Bilder zweifellos schwer zu glauben, dass sie tatsächlich stillstanden. Manche sahen aus, als würden sie sich im Kreise drehen, andere, als wären sie gebogen, wellig, konkav oder konvex, während wieder andere wie Weihnachtsbaumlichter zu blinken schienen. Op-Art ist nichts Neues im erfolgreichen Kleiden. Frauen erzeugen Tag für Tag optische Täuschungen, indem sie Stoffe und Muster für ihre Kleidung auswählen, die unschuldige Schwindeleien erzeugen. Frauen sind nun einmal unzufriedene Wesen und wollen stets etwas, das sie nicht haben. Sind sie groß, wären sie lieber klein, und andersherum. Wenn sie dick sind, wären sie gern schlank. Wenn sie schlank sind, möchten sie noch schlanker sein. Und traurigerweise versuchen viel zu viele von ihnen, ihre Ziele auf falschen Wegen zu erreichen.

Nehmen wir beispielsweise eine winzige Frau von etwa einem Meter fünfzig. Sie alle kennen eine dieser bezaubernden kleinen Kreaturen, die in ihrem Wunsch zu wachsen hohe Stöckelschuhe und riesige Hüte tragen. Am Ende sieht diese Frau aus wie eine Zwergin in geliehenen Kleidern. Wenn sie statt ihrer großen Hüte und stelzenartigen Schuhe Stoffe auswählen würde, die ihre Silhouette strecken, könnte sie ihr Ziel dagegen angenehm und erfolgreich erreichen.

Beispielsweise verlängern Tweed und gewebte Stoffe mit diagonalen oder spiralförmigen Mustern den Körper, horizontale Muster dagegen verkürzen ihn. Eine kleine Frau sollte selbstverständlich auch keine auffallenden Muster wie übergroße Karos, Streifen oder Polkadots tragen. Kleine zarte Muster passen viel besser zu ihrer Körpergröße. Da ihr Körper, ihr Kopf, ihre Füße und ihre Hände kleiner sind, sollte sie auch ihre

Accessoires herunterschrauben. Eine übergroße Handtasche am Arm einer sehr kleinen Frau sieht für mich immer so aus, als würde die Tasche sie tragen.

Ein anderer Fall ist die sehr große Frau, die ihre Körpergröße zu minimieren versucht, indem sie flache Schuhe und flache Hüte trägt und mit gerundeten Schultern herumläuft. Auch sie betont genau die Merkmale, die sie verstecken möchte. Ihre Größe verlangt nach einem proportional dazu passenden Hut. Er sollte eher groß statt klein sein, da ein großer Hut sie kleiner aussehen lässt. Sie kann es sich erlauben, auffällig gemusterte Stoffe, große Blumenmuster und auftragende Grobstrickteile zu wählen, da sie das »Gewicht« solcher Stoffe tragen kann, ohne überwältigt zu wirken. Sie sollte auf schweren statt zarten Schmuck setzen, Schuhe mit mittlerem statt flachem Absatz wählen und zweiteilige Kostüme anstelle von Shiftkleidern tragen. Dadurch wird ihre Größe zwar nicht minimiert, doch sie wird anmutig und gertenschlank statt unbeholfen wirken.

Tarnung

Was die Frau angeht, die schlanker aussehen möchte (gibt es Frauen, auf die dies nicht zutrifft?): Die meisten Kleider, die heutzutage entworfen werden, haben Schlankheit zum Ziel. Kein Designer kreiert Kleidung, die Frauen absichtlich schwerer erscheinen lässt. Die Rüschen, Turnüren, Krausen und Spitzenborten, die einst die »schöne weibliche Figur« markierten, sind für immer verschwunden und wurden ersetzt durch das reduzierte, einfach gehaltene, den Körperformen folgende Kleid, das Kurven zu verbergen sucht, statt sie zu erzeugen.

Sie können jedoch zusätzlich einige Regeln befolgen, wenn Sie schwerer sind, als Sie sein sollten oder wollen.

Meiden Sie voluminöse, grobe und haarige Stoffe und setzen Sie stattdessen auf glatte. Halten Sie sich fern von glänzenden Oberflächen wie Satin, Pailletten oder Lamé – sie betonen Extrapfunde nur. Tragen Sie einzelne Farben, am besten dunkle. Vermeiden Sie kurze Jacken und Teile, die Ihren Körper umrunden, wie Schößchen, kontrastfarbene Gürtel und horizontale Streifen. Diese lassen *Sie* rund aussehen. Tragen Sie einfarbige Kostüme statt kontrastierender Röcke und Oberteile. Beschränken Sie leuchtende Farben (Rot, Knallrosa, Orange und so weiter) auf kleine Details oder Applikationen. Tragen Sie *bequeme* statt eng sitzende Kleidung. Kleider, die wie eine Wurstpelle sitzen, lassen Sie noch schweinchenhafter aussehen. Verbannen Sie großgemusterte Stoffe aus Ihrer Garderobe. Kultivieren Sie vertikale Applikationen (Bänder, Nähte, Borten, Knöpfe und ähnliches), die von Nord nach Süd statt von Ost nach West verlaufen. Halten Sie weiter Diät.

Während gute Tarnung Sie viel attraktiver aussehen und Ihrem Ideal näherkommen lassen kann, ist es überaus wichtig, dass Sie die Dinge an sich akzeptieren, die Sie nicht ändern können. Wenn Sie zu groß sind (nach *Ihren* Vorstellungen), denken Sie wie ein Fotomodell. Halten Sie anmutig den Kopf erhoben und ziehen Sie die Schultern zurück. Denken Sie daran, dass der große Ziegfeld auf der ganzen Welt nach Schönheiten gesucht hat, die einen Meter achtzig und größer waren, und dass all die berühmten Fotomodelle, die Kleidung so prächtig tragen, mindestens einen Meter siebzig groß sind.

Wenn Sie kleiner als der Durchschnitt sind, halten Sie sich die Vorteile einer kleinen Frau vor Augen. Männer lieben die Puppenhaftigkeit winziger Frauen, die das Beste aus ihrer zierlichen Statur und ihren kleinen Füßen und Händen machen, indem sie Kleidung tragen, die diese betonen. Denken Sie an all die winzigen Filmstars und beobachten Sie, wie diese sich kleiden. Was auch Ihre Mängel sein mögen – ob Sie zu klein oder zu groß, zu üppig oder zu dünn sind –, Ihre Kleidung kann kleine Wunder vollbringen, um sie zu verbergen, zu tarnen und zu verstecken. Die großen Wunder allerdings vollbringt Ihre *Haltung*. Manch schlichte Frau mit mittelmäßiger Figur kann auffallend schön aussehen, weil sie »schön denkt«. Sie betritt einen Raum, als besäße sie all die Attribute großer Schönheit. Sie ist selbstbewusst. Umgekehrt haben Sie sicher schon Frauen mit hübschen Gesichtszügen und Figuren getroffen, die es fertigbringen, wie Vogelscheuchen auszusehen, weil sie ihre Vorzüge nicht herauszustreichen vermögen.

REZEPT FÜR DIE ERFOLGREICHE VERWENDUNG VON TARNUNG

1. Nutzen Sie Farben und Muster, um Ihre Figur zu verbessern.

2. Akzeptieren Sie die Dinge, die Sie nicht verändern können. Ihre Schwächen lassen sich womöglich in Stärken verwandeln.

3. Entwickeln Sie Selbstvertrauen in Bezug auf Ihr Aussehen und kleiden Sie sich diesem Selbstvertrauen entsprechend.

4. »Denken Sie schön.«

9.

Die Erfolgsdetails Ihrer Garderobe oder: Accessoires verleihen dem Outfit Würze

9. Die Erfolgsdetails Ihrer Garderobe oder: Accessoires verleihen dem Outfit Würze

Accessoires, diese kleinen Wunder, die die Wirkung eines jeden Outfits dermaßen stark verändern können, sind genauso wichtig wie die Mäntel, Kostüme, Kleider und Sportkleidung, die Sie als Rückgrat Ihrer Garderobe auswählen. Sie geben Ihrem Look nicht nur den letzten Schliff und die Perfektion, die jede Frau anstrebt, mit ihnen lassen sich auch aus einem einzigen Kleid oder Kostüm viele verschiedene zaubern. Beispielsweise sticht in einem Raum voller Frauen im »Kleinen Schwarzen« oft eine hervor durch das, was sie diesem Kleid, das all den anderen so sehr ähnelt, hinzugefügt hat, das ihr Outfit von ihnen unterscheidet und ihm Eleganz verleiht. Es mag einfach ein wunderbarer, schmeichelhafter Hut sein, der sie schöner macht als alle anderen. Es könnte auch eine dramatische Kette sein, eine ungewöhnliche, auffallende Brosche oder chic kombinierte Schuhe und Strümpfe.

Auf der anderen Seite haben uns allen auch schon die Augen wehgetan, weil eine Frau die Wirkung ihres Kleinen Schwarzen vollkommen ruiniert hat, indem sie es mit den Accessoires ganz klar *übertrieben* hat. Auch sie sticht hervor, aber die Tatsache, dass sie sich mit zu viel Flitterzeug behängt, eine zu große Handtasche getragen oder zu viel von einer Farbe verwendet hat, um Schuhe, Handschuhe *und* Hut miteinander zu koordinieren, hat sie in eine Modekarikatur verwandelt.

Accessoires können gern als Würze Ihres Outfits verstanden werden und wie jeder gute Koch weiß, ist Würzen zwar das Geheimnis kulinarischen Erfolgs, doch können zu viel Salz oder eine Überdosis Pfeffer eine Sauce ruinieren. Das gleiche Prinzip gilt für die Verwendung von Accessoires, also hören Sie auf den Rat der ausgezeichneten Claudette Colbert, wenn sie sagt: »Nachdem ich mich vollständig angekleidet habe, blicke ich einmal ausführlich in einen Ganzkörperspiegel, und wenn mein Ensemble nur einen einzigen bitteren Beigeschmack hat, dann beseitige ich diesen.« Seit den letzten paar Jahren haben Frauen jedoch die starke Tendenz, in der Beseitigung ihrer Accessoires, die ihren Look perfekt machen, zu weit zu gehen. Selbst in unseren großen Metropolen hat sich der Trend, ohne Hut, Handschuhe und Strümpfe auszugehen, sprunghaft verbreitet. Dieser *sorglose* Look, der den sehr Jungen vorbehalten sein sollte, verwandelt sich meiner Ansicht nach in einen *nachlässigen* Look, wenn er von reifen Frauen getragen wird. Wenn Sie über 25 sind, bitte ich Sie dringend, die Vorzüge der Outfit-Wunder zu berücksichtigen – der Accessoires.

Hüte sind Schmeichler

An manchen Orten ist es in Ordnung, keinen Hut zu tragen, doch kein Schmeichler (mit der möglichen Ausnahme eines Latin Lovers) lässt eine Frau mit größerer Sicherheit jünger und hübscher aussehen als ein Hut, der ihr steht. Wir kennen eine Frau, äußerst erfolgreich in der Modewelt, die ihren Ruf als modebewusste Dame fast ausschließlich auf ihren Hüten aufbaut. Sie behauptet, wenn ihr Hut dramatisch genug ist, wird niemand den Rest ihres Outfits beachten, daher beschränkt sie ihre Garderobe aus Kleidern und Kostümen auf ein Minimum – und variiert den Look eines jeden mit einer Sammlung herrlicher Hüte. Hüte vollbringen außerdem Wunder, wenn es darum geht, eine Frisur zu verbergen, die nicht ganz in Bestform ist. Sie lassen eine ältere Frau wie durch Zauberhand jünger erscheinen, eine kräftigere Frau schlanker oder eine schlichte aufregender. Wenn Ihnen Hüte stehen, lassen Sie sich von der Mode des unbedeckten Kopfes nicht einschränken. Tragen Sie sie wie Kosmetik, nicht um Ihren Kopf zu bedecken, sondern um hübscher, jünger und unverwechselbarer auszusehen. Und wählen Sie sie danach aus, ob sie Ihnen schmeicheln.

Nicht alles, was glänzt, ist Gold

Auch wenn Ihr Schmuckkästchen nicht einen einzigen Smaragd enthält und frei von teuren Erbstücken ist, sage ich: »Schmuck ist der beste Freund eines Outfits.« Ob es echter Schmuck oder sogenannter »Modeschmuck« ist, sollte er mit größter Sorgfalt ausgewählt und sparsam eingesetzt werden, außer bei äußerst formellen Gelegenheiten, bei denen alle um die Wette leuchten und glänzen.

Stellen Sie sich beim Kauf von Modeschmuck stets die folgende Frage: »Würde ich dieses Stück kaufen, wenn es echt wäre und ich es mir leisten könnte?« Lautet die Antwort Nein, kaufen Sie es nicht. Sie werden es nur kurz tragen, bevor es auf dem Abfallhaufen stumpf gewordener Ketten, Glieder und einzelner Ohrringe landet, den jede Frau im Laufe der Zeit ansammelt. Statt Geld für eine Reihe von Kinkerlitzchen auszugeben, suchen Sie nach Schmuckstücken (echt oder Modeschmuck), die Ihre Garderobe wirklich verschönern. Und bedenken Sie bei der Auswahl von Schmuck auch Ihre eigenen physischen Mängel. Wenn Ihre Hände nicht ganz so anmutig sind, wie sie sein könnten, überladen Sie sie nicht mit großen Ringen, die die Aufmerksamkeit auf sie lenken. Sind Ihre Handgelenke rundlich, halten Sie sich von breiten, klobigen Armreifen fern. Wenn Ihre Ohren zu groß für Ihren Kopf sind oder abstehen, versuchen Sie nicht, sie mit übergroßen Ohrringen zu verkleinern. Entwickeln Sie einen Schmuckstil, der zu Ihnen passt. Haben Sie wundervolle blaue Augen, tragen Sie Türkise. Bei roten Haaren und grünen Augen entdecken Sie, was Jade für Sie bewirken kann. Silberschmuck sieht an silberhaarigen Frauen großartig aus und während Perlen jeder Frau stehen, ist Gold besonders schmeichelhaft für Blondinen.

Verzierungsnoten

Handtaschen, Handschuhe und Schuhe kennzeichnen die Eleganz eines jeden Outfits. Sie können die Verzierungsnoten sein, die den gesamten Look zusammenhalten, aber auch die schrägen Töne, die die gewünschte Wirkung zerstören. Eine große Einkaufstasche ist eine feine Sache, wenn man bedenkt, wie viele lebensnotwendige Dinge die meisten Frauen mit sich herumschleppen, doch sie wird eindeutig zum Schandfleck, wenn man sie zu einem hübschen Gesellschaftskleid oder einem zarten Schneiderkostüm trägt. Jede Frau benötigt mindestens drei Arten von Taschen – die große geräumige für praktische Zwecke (Arbeiten, Einkaufen, Reisen), die damenhafte Ledertasche, die zu Kostümen und maßgeschneiderten Kleidern getragen wird, und die Abendtasche aus einem luxuriösen Material, die sich sowohl zu Cocktailkleidern als auch zu formeller Kleidung tragen lässt. Bei Tageskleidung ist es sinnvoll, dass Handtasche und Schuhe zusammenpassen, damit der Look gut aufeinander abgestimmt ist. Die Ausnahme von dieser Regel stellen Schuhe in leuchtenden Farben dar. In diesem Fall halten Sie die Handtasche bitte in einer dezenten oder neutralen Farbe.

Tücher als Outfitverwandler

Hübsche Tücher in einer Reihe von Farben und Mustern gehören zu den vielseitigsten Outfitverwandlern. Nicht nur um den Kopf geschlungen, um das Haar an windigen Tagen ordentlich zu halten, sondern auch um den Hals oder als Gürtel getragen, als Farbkleckse im Ausschnitt oder an den Bund von Shorts geknüpft. Tücher sind spaßige Accessoires, die Ihren modischen Einfallsreichtum auf die Probe stellen. Chiffontücher in Pastellfarbe sind wahre Halsschmeichler, wenn es darum geht, den Ausschnitt eines schlichten Kleides zu enthärten. Tücher mit fröhlichen Drucken fügen der Gürtellinie von einfarbigen Hosen und Shorts

Heiterkeit und Temperament hinzu. Geschickt um einen Hut drapiert und verknotet, kann ein schönes Tuch einen günstigen Hut in einen viel teurer wirkenden verwandeln.

Frauen begehen häufig den großen Fehler, Accessoires erst nachträglich hinzuzufügen. Oft planen sie ihr Outfit mit größter Sorgfalt, Kleid, Hut und Schuhe inbegriffen – legen dann jedoch einfach den Schmuck an, der ihnen als Erstes in die Hände fällt, und schnappen sich die Handtasche, die sie am Tag zuvor getragen haben. Das Resultat ist ein schwerer Schlag für ihren gesamten Look. Ein anderer Mode-Fauxpas im Bereich der Accessoires ist das Versäumnis, den Unterschied zwischen »Access« und »Exzess« zu erkennen. »Access« öffnet Ihnen die Tore zu Ihrem Ziel; »Exzess« öffnet die Büchse der Pandora des schlechten Geschmacks und der Hässlichkeit.

Analysieren Sie Ihre Accessoires

Ebenso, wie Sie die einzelnen Kleidungsstücke in Ihrem Kleiderschrank analysiert haben (in Kapitel 4), analysieren Sie nun Ihre Accessoires. Holen Sie alle Handschuhe, Handtaschen, Schuhe, Schmuckstücke, Tücher und Strümpfe aus ihren Schubladen und Schachteln und platzieren Sie sie auf dem Bett. Sortieren Sie sie in zusammenpassenden Gruppen. Zu wie vielen Ihrer Schuhe haben Sie farblich abgestimmte Handtaschen? Passen sie sowohl vom Typ her (maßgeschneidert, elegant, und so weiter) als auch farblich zu den Kleidungsstücken in Ihrem Schrank? Umfasst Ihre Schmucksammlung die richtigen Stücke für Ihre Garderobe oder konzentriert sie sich auf nur eine Gruppierung – zu viele Ohrringe, aber keine Broschen, zu viel Strass, aber kein nach Maß gefertigter Goldschmuck?

Um diese Aufgabe erfreulicher zu gestalten, stellen Sie sich vor, Sie würden eine Modenschau planen. Nehmen Sie die Kleidungsstücke, die Sie am häufigsten tragen, aus dem Schrank und legen Sie sie mit den Ihnen

zur Verfügung stehenden Accessoires zu vollständigen Outfits zusammen. Stellen Sie fest, dass Ihnen für manche der passende Hut fehlt? Gehören zu anderen noch keine Schuhe oder Handtaschen? Würde ein hübsches Tuch dieses Kleid aufwerten? Schreiben Sie diese »fehlenden Bindeglieder« auf. Schon bald haben Sie eine Einkaufsliste der Dinge, die Sie tatsächlich benötigen. Entdecken Sie auf der anderen Seite ein Paar Schuhe, eine Handtasche oder Schmuck, die Sie gänzlich außer Betracht gelassen haben, weil sie zu *nichts* passen, ist es offensichtlich, dass Sie diese Dinge *niemals* tragen sollten – also werden Sie sie los. Nachdem Sie dieses Experiment abgeschlossen haben, sollten Sie über eine Reihe von gut aufeinander abgestimmten Outfits verfügen und werden außerdem wissen, was Sie womit tragen sollen, statt Ihre Accessoires in Eile willkürlich auszusuchen. Wenn Sie Ihre Accessoires gut ausgewählt haben, werden Sie feststellen, dass sie zu *mehreren* Outfits passen und diese vervollständigen, nicht nur zu einem. Nur wenige Frauen haben das Geld oder den Platz im Kleiderschrank, um für jedes Outfit ein komplettes Set Accessoires zu erwerben. Dies sollten Sie selbstverständlich bedenken, wenn Sie Accessoires kaufen.

»Wozu kann ich das anziehen?«, ist die Frage, die Sie sich jedes Mal stellen sollten, wenn Sie einen Hut anprobieren, sich eine Handtasche aussuchen, neue Schuhe kaufen oder sich in ein Schmuckstück verlieben. Außerdem sollten Sie natürlich auch Ihre Accessoires-Inventur im Kopf haben, wenn Sie Kleider kaufen. Ist das Kostüm oder das Kleid, mit dem Sie liebäugeln, kompatibel mit Ihren verfügbaren Accessoires? Oder rufen sie nach zusätzlichen Ausgaben für eine neue Bluse, einen Hut, Schuhe oder eine Tasche?

In einer Welt, in der Stil immer standardisierter wird, sind es oftmals ihre Accessoires, die eine Frau von den anderen abhebt. Vor etwa einer Saison besaß jede zweite Frau ein Chanel-inspiriertes Kostüm mit den Paspeln an den Nähten des Jäckchens. Doch die Vielzahl der Möglichkeiten, wie eine Frau es kombinierte, ließ es vollkommen anders aussehen als das ähnliche Kostüm ihrer Nachbarin. Verstehen Sie Accessoires beim

Aufbau Ihrer Garderobe als Ihre Form des kreativen Ausdrucks. Wenn Sie sich an einem Kleid oder Kostüm sattgesehen haben, überlegen Sie, bevor Sie es aussortieren, womit Sie es kombinieren oder was Sie ihm hinzufügen könnten, damit es frisch und neu aussieht. Experimentieren Sie, wie Sie den Look und gar die Stimmung eines Outfits verändern können (von sportlich zu chic, von lässig zu maßgeschneidert), indem Sie Accessoires geschickt einsetzen. Sie werden feststellen, dass Ihre Garderobe und auch Ihr Budget sich ausweiten werden. Und gleichzeitig bereitet Ihnen die Kunst des Kleidens gleich viel mehr Vergnügen.

REZEPT FÜR DEN ERFOLGREICHEN EINSATZ VON ACCESSOIRES

1. Analysieren Sie die Accessoires, die Sie derzeit besitzen, gemeinsam mit Ihren Kleidungsstücken. Werden Sie unnötige Dinge los – füllen Sie die fehlenden Bindeglieder auf.

2. Tragen Sie Accessoires, um Ihre Outfits zu würzen – aber übertreiben Sie es nicht.

3. Kaufen Sie Accessoires, die den von Ihnen angestrebten Gesamtlook verbessern.

4. Stellen Sie Ihre Outfits zusammen, als planten Sie eine Modenschau.

5. Experimentieren Sie mit Accessoires, um Ihre Garderobe auszudehnen.

10.

Die »Geheimnisse des Erfolgs« oder: Unter der Oberfläche

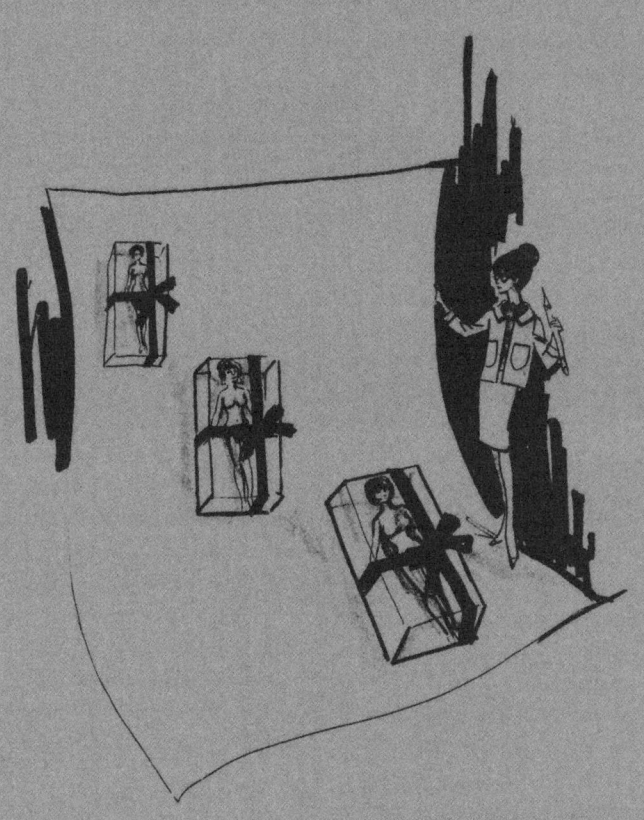

10. Die »Geheimnisse des Erfolgs« oder: Unter der Oberfläche

Ein Buch über erfolgreiches Kleiden ohne ein Kapitel über die lebensnotwendigen »Undercover«-Agenten wäre so ineffektiv wie ein Ian-Fleming-Thriller ohne James Bond. Genau wie Bond derjenige ist, der die Dinge zusammenhält und zum ultimativen Triumph führt, ist Ihre Unterwäsche der Geheimagent, der *Sie* zum Erfolg führt. Die aufwendigste und schönste Garderobe der Welt wird Ihnen nicht zum Job, zum Mann, zur gesellschaftlichen Position oder zu irgendetwas anderem verhelfen, wenn das, was Sie darunter tragen, nicht mehr zeitgemäß oder aus der Form geraten ist.

Abgesehen von der weiblichen Freude und dem Gefühl von Anmut, das Ihnen hübsche Dessous und Mieder geben, haben die Modeschöpfer von heute Textilien für jeden Zweck entwickelt, vom Anheben der Brust bis zum Runden des Hinterns und vom Straffen des Bauches bis zum Glätten der Oberschenkel. Was Sie nicht durch Hungern und sportliche Betätigung für Ihre Figur erreichen können, kann mit Sicherheit durch das Tragen der richtigen stützenden Unterkleidung verbessert werden. Frauen haben nun nicht länger eine Entschuldigung für ihre flachen Brüste und Hintern. Büstenhalter und Miederhosen füllen aus, wo die Natur versagt hat. Die Wölbung des Bauches gehört der Vergangenheit an, wenn Sie sich nur die Zeit nehmen, ein Kleidungsstück zu finden, das sie verschwinden lässt, und es richtig anpassen zu lassen.

Sie sollten immer dann neue Büstenhalter und Mieder kaufen, wenn Sie neue Kleidung erwerben. Im Wandel der Moden bleiben die Erschaffer von Unterwäsche am Puls der Zeit und überarbeiten die Konturen ihrer Stücke so, dass sie sich für Ihre Figur unter den neuen Kleidern am vorteilhaftesten auswirken. Der »natürliche« Look der letzten Jahre hat stützende Unterwäsche von einem steifen Standard der Kontrolle hin zu einer sanft gerundeten Linie weiterentwickelt, die besser unter Shiftkleidern, Strick- und locker sitzender Kleidung aussieht. Die jüngere, weniger steife Brustform der letzten Jahre wurde erfolgreich durch Büstenhalter erzielt, die keine herausragenden Spitzen mehr haben. Das Miederhöschen hat einen weiten Weg zurückgelegt von dem kurzen Teil, das es noch vor einigen Jahren war – um eine langgestreckte, glatte Linie der Oberschenkel zu erzeugen und zu Overalls getragen zu werden, die bis zu den Knöcheln hinunterreichen.

Die Einführung leichter Stretch-Materialien hat es jeder Frau ermöglicht, ihren Körper ganz bequem zu formen und damit die größtmögliche Verbesserung ihrer Figur zu erzielen.

Die ungemein beliebte Hosenmode, die Marlene Dietrich vor vielen Jahren angestoßen hat, zeigt keinerlei Ermüdungserscheinungen, doch wenn Sie nicht besonders gut in Hosen aussehen oder bereit sind, Zeit und Geld zu investieren, um sich mit einem wirklich effizienten Miederhöschen auszustatten, rate ich Ihnen, bei Röcken zu bleiben. Und wenn Sie meinen, Ihr Hintern sehe ohne Miederhose in Ordnung aus – ob in Hosen oder Röcken –, empfehle ich Ihnen, sich einmal von hinten filmen zu lassen. Wahrscheinlich werden Sie ähnlich reagieren wie ein Taxifahrer, mit dem ich vor einigen Monaten durch Hollywood gefahren bin. Wir mussten an einer roten Ampel halten, als eine plumpe miederlose Dame in einem Shiftkleid die Straße überquerte. Als er sie von hinten sah, schüttelte er den Kopf und kommentierte: »Es sieht aus, als würden sich da drin zwei Kerle prügeln.«

Was den Busen angeht, ist die perfekte feminine Figur eine Rarität. Die bewiesene Tatsache, dass die Brüste vieler Frauen entweder zu groß oder zu klein, zu schlaff, zu flach und manchmal sogar uneinheitlich sind, wird zu wenig berücksichtigt. Da sie Bescheid wissen, haben die besten Hersteller von Glanz im oberen Stockwerk Kompensationen für all diese Defizite erschaffen, damit jede Frau eine perfekte Brust haben kann. Und für jene, die sich eine solche Brust 24 Stunden am Tag wünschen, gibt es sogar Büstenhalter, in denen man schlafen kann.

Unterröcke sind ebenfalls Teil Ihres Geheimnisses des erfolgreichen Kleidens. Nur weil Sie eine Menge gut erhaltener Unterröcke von vor zwei Jahren in Ihrer Kommodenschublade haben, heißt das nicht, dass Sie diese auch tragen sollten. Sie mögen sie noch so sehr hochziehen oder die Strumpfhalter verstellen, sie werden doch zu lang bleiben und im Verlauf des Tages laufen Sie irgendwann mit zwei sichtbaren Röcken herum. Was die Schulterriemen angeht, machen es ärmellose Kleider unabdingbar, dass Sie sich kleine »Anker«-Schlaufen in jedes Kleid nähen, damit die Träger von Unterkleid und Büstenhalter *niemals* zu sehen sind. Nichts auf der ganzen Welt lässt eine Frau schneller schlampig wirken als ein herunterbaumelnder Träger, abgesehen vielleicht noch von schmutzigen Fingernägeln. Gehen Sie das Problem *vor* dem Kleiderkauf an – arbeiten Sie sich von der Haut nach außen vor.

Unterschiedliche Kleider verlangen nach unterschiedlicher Unterbekleidung. Wenn Sie glauben, dieselbe Unterwäsche eigne sich für alle Bestandteile Ihrer Garderobe, dann begehen Sie einen Fehler. Ein leichter Einteiler mag gut unter einem locker sitzenden Shiftkleid aussehen, ist jedoch nicht adäquat unter einem schmalen Etuikleid, das an den Hüften stärkere Kontrolle erfordert. Es gibt Büstenhalter mit Taillenansatz, die Polster über dem Zwerchfell eliminieren. Es gibt nahtlose Mieder oder Strumpfhosen, die Sie unter Stricksachen und eng anliegender Kleidung tragen können. Sie benötigen nicht all diese Stücke in Ihrem Kleiderschrank, doch eine erfolgreiche äußere Garderobe lässt sich nur aufbauen, wenn Sie auch das Darunter berücksichtigen. In vielen Fällen haben Frauen Kleidung, die sie niemals tragen, in ihren Schränken, nur weil sie nicht wissen, was sie darunter anziehen sollen. Jedes Mal, wenn sie diese Kleider über demselben alten Mieder anprobieren, sehen sie gleich aus – nicht gut. Die Kleider selbst sind dabei nicht das Problem; mit der Form darunter stimmt etwas nicht.

Niemand weiß besser als eine Studio-Designerin, wie wichtig Unterwäsche ist, um die Erscheinung einer Frau zu verändern. Nehmen Sie etwa Julie Andrews: ein Figurentyp für *Mary Poppins*, ein anderer für *Der zerrissene Vorhang* (eine moderne Figur), wieder ein anderer für *Hawaii* und schließlich eine komplett neue Silhouette für *Modern Millie*.

Geheimnisse

Ändern Sie Ihr Fundament mit der Silhouette

Sie müssen nicht jedes Mal neue Unterwäsche kaufen, wenn Sie etwas Neues zum Anziehen erwerben, aber immer, wenn es eine größere Veränderung in der modischen Silhouette gibt – von locker zu eng anliegend, von langen Taillen zu kurzen (oder umgekehrt), von Überblusen zur hoch sitzenden Empire-Taille oder von schmalen zu ausgestellten Röcken. Jede grundlegende Veränderung erfordert etwas Neues darunter, sei es ein Büstenhalter, ein Mieder oder ein Einteiler.

Abgesehen davon, wie wichtig Ihre Unterwäsche ist, um Ihre sichtbare Silhouette zu formen, spielt auch der psychologische Faktor eine Rolle, sich von der Haut an schön zu *fühlen*. Wie üppig und elegant die Kleidung auch sein mag, die eine Frau nach außen hin trägt, wenn ihre Unterwäsche und ihr Mieder billig sind, schlecht sitzen oder nicht zusammenpassen, kann sie sich in ihren Sachen nicht gut fühlen. Eine oberflächliche Schönheit, bei der darunter Chaos herrscht, mag zwar ihr Publikum hinters Licht führen, doch das Bewusstsein, dass sie einen blauen Büstenhalter, ein weißes Mieder und einen ausgebleichten rosa Unterrock trägt, der am Saum hochgesteckt ist, verhilft ihr nicht gerade zu einem selbstsicheren Auftreten. Ein akkurater, akribischer Filmstar hat es einmal so formuliert: »Meine Mutter hat immer darauf bestanden, dass wir uns für einen Unfall anziehen. Damit meinte sie, wir sollten uns niemals schämen müssen, wenn ein Arzt, eine Krankenschwester oder irgendjemand anderes sehen würde, was wir *darunter* tragen.«

Was Liebe und Ehe anbelangt, wurde der Fortbestand perfekter Romantik oft dadurch zum Erliegen gebracht, dass ein Ehemann seine Braut in einem plumpen alten Mieder und einem schlaffen Büstenhalter zu Gesicht bekam. Im Gegensatz dazu kann jede Frau in halbbekleidetem Zustand frisch und attraktiv aussehen, wenn ihre Unterbekleidungsgarderobe genauso gut koordiniert, sorgfältig gepflegt und bewusst ausgewählt ist wie die Kleider in ihrem Schrank.

Wenn Sie dieses Kapitel beendet haben, schlage ich vor, dass Sie einen Blick auf Ihre Undercover-Agenten werfen – die Mieder, Büstenhalter, Unterröcke und Nachthemden in Ihrer Kommodenschublade. Wie viele von ihnen sind aus der Form geraten? Wie viele haben faserige, ausgeleierte Strumpfbänder? Wie viele sind verblichen, schäbig und nicht mehr vorzeigbar? Wie viele lassen sich farblich zu kompatiblen Sets zusammenstellen? Wenn Sie in irgendeinem Teil um keinen Preis erwischt werden möchten, riskieren Sie nicht, es zu tragen. Es ruiniert nicht nur die Umrisse Ihrer Kleidung darüber, sondern vergiftet auch Ihr eigenes Bild von *Ihnen*. Um ein besser gekleidetes, selbstbewussteres Ich zu werden, fangen Sie ganz unten (in dieser Kommodenschublade) an und bauen Sie sich mit der richtigen Unterwäsche ein neues und besseres Fundament für die Mode auf.

REZEPT FÜR ERFOLGREICHES KLEIDEN DARUNTER

1. Beurteilen Sie Ihre derzeitige Sammlung an Miedern, Büstenhaltern und Stützunterwäsche nach (a) Zustand und (b) Effizienz.

2. Bitten Sie eine erfahrene Verkäuferin in Ihrem Lieblingsgeschäft, Ihnen dabei zu helfen, das richtige Kleidungsstück zu finden, um Ihre Figur zu optimieren.

3. Kaufen Sie Unterwäsche (Unterröcke, Petticoats), die farblich sowie von Form und Schnitt her zu Ihren Miedern passen.

4. Denken Sie daran, dass die Form aus dem letzten Jahr falsch für die diesjährige Silhouette sein kann.

5. Wenn Sie von niemandem in Ihrer Unterwäsche gesehen werden möchten – kaufen Sie neue.

11.

Wie man erfolgreich einkauft

11. Wie man erfolgreich einkauft

Die durchschnittliche weibliche Käuferin kann eine Menge darüber lernen, wie man eine erfolgreiche Garderobe zusammenstellt, indem sie einigen der Prinzipien folgt, die sich im Einzelhandel etabliert haben. Das Geschäft, in dem Sie einkaufen, hat eine Einkäuferin für jede Modeabteilung – Kleider, Mäntel und Kostüme, Sportbekleidung und so weiter. Kauft diese Einkäuferin erfolgreich ein, verschwinden ihre Waren schnell von den Regalen. Begeht sie dabei Fehler, werden sie zum Ausverkauf im Preis gesenkt. Wenn sie in einer bestimmten Zeitspanne zu viele Preissenkungen zu verantworten hat, sinkt auch ihr eigener »Preis« und sie verliert ihren Job.

Dasselbe lässt sich auch auf den persönlichen Einkauf anwenden. Wenn Sie intelligent einkaufen, *verschwinden* die Waren – *hinaus* aus Ihrem Kleiderschrank und *hinaus* aus Ihrem Haus. Sie werden oft getragen und eingesetzt und bereiten Ihnen immer wieder Freude. Wenn sie nur am Bügel hängen und niemals das Tageslicht (oder das künstliche Licht der Nacht) erblicken, sind sie eine Bürde und verdienen es, von Ihnen »im Preis gesenkt« zu werden. Können Sie sie jemand anderem verkaufen, werden Sie sie los. Wenn Sie sie nicht verkaufen können, werfen Sie sie weg. Ein Schrank voller »heruntergesetzter Ware« ist gefährlich. Beim Anblick der Menge an Teilen tun Sie sich schwer, neue Anschaffungen zu rechtfertigen. Wie die Einkäuferin im Laden sind Sie überschwemmt mit Waren, die sich nicht bewegen, und je älter diese werden, desto mehr sinken sie im Wert.

Einkaufen nach Plan

Einige der von Geschäften angewendeten Regeln für erfolgreiches Einkaufen können ganz leicht von Ihnen übernommen werden, um sich eine erfolgreiche Garderobe zusammenzustellen. Als Erstes sollten Sie, wie eine Einkäuferin im Laden, ein saisonales Budget festsetzen und mit einem konkreten Plan einkaufen. Ihr Plan sollte darauf basieren, welche Aktivitäten Sie in der betreffenden Saison vorhaben, welche neuen Kleidungsstücke Sie benötigen und wie viel Sie dafür ausgeben können. Wenn Sie diese Fakten ordentlich zu Papier bringen und dann nach diesem Plan einkaufen, werden Sie weder Ihr Budget überschreiten noch am Ende mit einer Menge reduzierter Artikel dasitzen, die niemals aus *Ihrem* Lager (Kleiderschrank) verschwinden.

Hier ist ein Vorschlag, wie ein solcher vollständiger Plan für eine Frühjahrssaison mit einem Gesamt-Kleiderbudget von 150 Dollar aussehen könnte:

AKTIVITÄT	VORRÄTIGE UND NOCH GUTE KLEIDUNG	BENÖTIGTE KLEIDUNG	WAS ES KOSTEN DARF
ARBEIT	Blaues Wollkleid Tweedkostüm	Weiches, dunkles Kostüm Bluse	$ 60 $ 10
VERABREDUNGEN	Weißer Paillettenpullover Schwarzes Kreppkleid	Langer Rock Cocktailkleid	$ 15 $ 40
SPORT	Grauer Faltenrock Goldene Stretchhosen Roter Pullover	Pullover Hemdblusen (2)	$ 12,50 $ 12,50

Mit solch einem Plan haben Sie beim Einkaufen bestimmte Teile im Kopf und erwerben nur, was Sie wirklich brauchen, zu Preisen, die Sie sich leisten können. Im Grunde ist es, wie mit einem geplanten Menü Lebensmittel einkaufen zu gehen. Sie würden schließlich nicht auf den Markt gehen, ohne vorher aufgelistet zu haben, was Sie benötigen, um eine Mahlzeit zuzubereiten, oder? Nun, es ist sogar noch unklüger, ohne genaue Vorstellungen Kleidung einzukaufen. Wenn Sie einen Plan haben – halten Sie sich daran. Verlieren Sie sich nicht in einer Art Traumwelt (Werbung im Laden und Spiegel in der Ankleidekabine haben diese Wirkung auf manche Frauen) und kaufen Dinge, die nichts mit Ihrem Plan zu tun haben, wie die Frau, die dringend einen neuen Wintermantel benötigte, doch stattdessen ihr Budget von 150 Dollar für eine blonde Perücke ausgab. Sie war ganz zufrieden, bis das Quecksilber sank. Als der Winter anrückte und sie ihren alten mottenzerfressenen, unmodernen Mantel tragen musste, konnte sie sich nur noch die (falschen) Haare raufen.

Färben Sie sich schön

Nachdem Sie Ihren Basisplan erstellt haben, beschließen Sie, in welcher Farbe Sie die Kleider kaufen möchten. Bedenken Sie dabei (a) die Farbe, die Ihnen am besten steht, und (b) die vielseitigsten Farben, die zu den Accessoires passen, die Sie schon besitzen. Nehmen wir etwa unseren hypothetischen Plan, so ist es wichtig für unsere Käuferin, die einen grauen Faltenrock und eine goldene Hose besitzt, beide Teile vor Augen zu haben, wenn sie einen neuen Pullover und zwei Hemdblusen kauft. Der rote Pullover, den sie besitzt, passt zum grauen Rock, jedoch nicht zu den goldenen Hosen. Ihre Auswahl an Farben für den *neuen* Pullover beschränkt sich auf Grau (passend zum grauen Rock und hübsch zu den Hosen), Gold (passend zu den Hosen und hübsch zum Rock) oder einen kompletten Kontrast, der zu *beiden* Teilen gut aussieht – Schwarz, Braun, Jägergrün oder Pfauenblau.

Bei der Auswahl ihres neuen Cocktailkleides muss sie bedenken, dass sie schon ein schwarzes Kreppkleid für Verabredungen besitzt. Für ihr neues Ausgeh-Outfit sollte sie einen lebendigen Farbton wählen, etwa einen Pastellton, der ihrem Teint schmeichelt. Wenn sie das beste herausholen möchte, zieht sie ein Kostüm mit Jackett in Betracht, das zu verschiedenen Anlässen mit oder ohne Jackett getragen werden kann und die Frühjahrssaison überdauern wird, da es sich auch sommerlich kombinieren lässt.

Das weiche dunkle Kostüm, das sie für die Arbeit braucht, sollte eins sein, das sie auch nach fünf Uhr noch tragen kann. Es sollte nicht zu sportlich wirken, da sie bereits ein Tweedkostüm besitzt, das sowohl im Büro als auch bei Footballspielen zum Einsatz kommen kann. Wenn sie sich für ein Kostüm in einer neutralen Farbe entscheidet, werden ihre Pullover und Hemdblusen (die alten wie die neuen) dazu passen und ihr weitere Kombinationsmöglichkeiten eröffnen. Ihr geplanter Einkauf wird ihr nicht nur dabei helfen, mit einem begrenzten Budget weiter zu kommen, er wird sie auch dabei unterstützen, eine *aufeinander abgestimmte* Garderobe aufzubauen.

Selbstbeherrschung ist für einen erfolgreichen Einkauf genauso wichtig wie für eine erfolgreiche Diät. Wenn Ihre Diät verlangt, dass Sie nur tausend Kalorien am Tag zu sich nehmen, Sie das Verlangen nach weiteren fünfhundert aber einfach nicht unterdrücken können, dann wissen Sie, dass Sie nicht abnehmen werden. Soll Ihre Garderobe schlank und vital bleiben, lassen Sie sich nicht von einem unwiderstehlichen Schnäppchen verführen, das Sie nicht brauchen. Denken Sie daran, Sie können sich ein Schnäppchen nur dann *leisten*, wenn es in Ihren *Plan* passt.

Die Fallen, in die Frauen gehen, wenn sie *ohne* einen Plan einkaufen, sind offensichtlich. Da sie nicht wissen, was sie brauchen, können sie nicht wissen, was sie wollen – also kaufen sie am Ende noch mehr Kleiderschrank-Dickmacher.

Ein weiterer guter Grund für geplantes Einkaufen ist die Verwirrung, die die große Auswahl an vorrätigen Waren in einem beliebigen großen

Kaufhaus erzeugt. Es ist extrem leicht, sich von den unzähligen zur Schau gestellten Leckerbissen verlocken oder von einer übereifrigen Verkäuferin beeinflussen zu lassen, die behauptet, man würde in allem »einfach göttlich« aussehen.

Planvolles Einkaufen ist nicht nur ein Segen für alle, die aufs Geld achten müssen, sondern auch für die wohlhabende Frau. Filmstars planen ihre Garderobe für jede Saison sorgfältig und auch wenn ihre Kleidersammlungen selbstverständlich größer sind als die der durchschnittlichen Frau, misten die bestgekleideten Stars ständig ihre Schränke aus, um ihren Bestand in einem erstklassigen Zustand zu halten. Eine Frau, die ihre Einkäufe wirklich danach plant, was sie benötigt, hat immer das Richtige zum Anziehen vorrätig. Darüber hinaus hat sie noch Geld auf der Bank für all die Extra-Bedürfnisse, die von Zeit zu Zeit aufkommen.

REZEPT FÜR ERFOLGREICHES EINKAUFEN

1. Denken Sie wie die Einkäuferin eines Geschäfts und analysieren Sie Ihren Lagerbestand.

2. Entschlacken Sie Ihre Garderobe.

3. Erstellen Sie einen Einkaufsplan, der aufführt, was Sie besitzen und was Sie benötigen.

4. Planen Sie Ihre Garderobe für jede Saison nach Farbe, Aktivitäten und Budget.

5. Halten Sie sich an Ihren Plan.

12.

Tabellen für die Basis-Garderobe

12. Tabellen für die Basis-Garderobe

Eine gute Basis-Garderobe steht, genau wie ein gutes Basis-Möbelstück, sicher auf vier Beinen:

1. *Budget*
   Wie viel Geld können Sie ausgeben?
2. *Schauplatz*
   Wo leben und arbeiten Sie? In einer Stadt? Groß oder klein? Im Vorort? Auf dem Land?
3. *Aktivitäten*
   Welche Art von Leben führen Sie? Ein gesellschaftliches? Ruhiges? Geschäftiges? Arbeiten Sie?
4. *Persönlichkeit*
   Feminin? Kultiviert? Maßgeschneidert?

Ein Mädchen, das in einer großen Metropole arbeitet, wird mehr elegante Kleidung benötigen, sowohl für ihre Arbeit als auch für ihr Sozialleben, als eins, das in einer ländlichen Gegend beschäftigt ist. Dasselbe gilt für eine Hausfrau. Aber praktisch jedes Mädchen und jede Frau hat *zwei Kleidersammlungen* – ihre »Uniform« oder Arbeitsbekleidung, ob sie nun am Schreibtisch sitzt oder den Haushalt ihrer Familie führt, und ihre »dienstfreie« Kleidung für Freizeit, Sport und gesellschaftliche Aktivitäten. Einige von Ihnen mögen mehr »Uniformen« als »dienstfreie« Kleidung benötigen. *Sie sollten Ihr Geld für die Kleider ausgeben, die Sie am häufigsten tragen.* Kleiden Sie sich nur selten für formelle Anlässe und brauchen Arbeitsbekleidung, konzentrieren Sie sich auf letztere. Wenn Sie auf der Arbeit nur selten das Outfit wechseln müssen, aber ein reges Sozialleben führen, geben Sie Ihr Geld für Ihre Freizeitgarderobe aus. Ihre Kleidung muss zu Ihrem Lebensstil und zu Ihrer Persönlichkeit passen! Kleider, die die meiste Zeit im Schrank hängen, sind eine schlechte Investition. Kaufen Sie Kleider, die sich für Sie bezahlt machen! Und Sie unbezahlbar.

HINWEIS: Wo ich die Anzahl der Artikel angebe, ist damit die Anzahl der Kleidungsstücke gemeint. Sie können alle von einer Sorte oder eine Mischung aus den verschiedenen vorgeschlagenen Stücken sein. Zum Beispiel: Wenn die Liste ein Kostüm, ein Kleid und einen Zweiteiler umfasst, sind damit drei verschiedene Outfits gemeint. Das kann drei Kostüme, drei Kleider oder drei Zweiteiler bedeuten – oder jede Kombination aus den dreien.

Basis-Garderobe für die arbeitende Frau (Single oder verheiratet)

Die meisten von Ihnen haben zwei verschiedene Garderoben – eine für warmes und heißes Wetter und eine für kühles und kaltes Wetter. Dieses Schaubild einer Basis-Garderobe gilt für beide. Die wesentlichen saisonalen Unterschiede werden Material und Farbe betreffen.

MORGEN (vor der Arbeit – beim Frühstück etc.):
2 Hemdkleider, Kittel, Hauskleider mit Reißverschluss oder
Morgenmäntel

AUF DER ARBEIT (wenn keine spezielle Arbeitskleidung
verlangt wird):
2 Kostüme
6 Oberteile – Blusen, Shell-Tops oder Pullover
2 Tageskleider (Einteiler, Zweiteiler oder Trägerkleider) und eine
separate (Strick-)Jacke
2 Röcke, die zu Jacke, Pullover oder Blusen von oben getragen werden
1 Mantel

HINWEIS: Wenn Sie Kostüme Kleidern oder Kleider Kostümen vorziehen, tragen Sie, was Ihnen am besten steht. Ich bevorzuge jegliche

Versionen des Kostüms oder Zweiteilers – Rock und Oberteil –, da sie wandelbarer sind.

Diese Liste gilt für ein Mädchen, das in einem Büro arbeitet, in dem Wert auf das äußere Erscheinungsbild gelegt wird oder das sich in einer größeren Stadt befindet. In kleineren Firmen und Städten wären ein Kostüm und weniger Oberteile ausreichend, da dort womöglich mehr Blusen, Röcke und Pullover getragen werden.

MITTAGSPAUSE:
Haben Sie eine Verabredung zum Lunch, können Sie Ihr Basis-Outfit durch neue Handschuhe und Schmuck oder irgendein anderes Accessoire, das sich mitnehmen lässt, aufwerten. Viele Mädchen, die sich mittags gern umziehen, tragen zu diesem Zweck eine große Handtasche mit sich herum.

FEIERABENDVERABREDUNG:
Wenn Sie nach der Arbeit ausgehen und keine Zeit haben, um nach Hause zu gehen und sich umzuziehen, nehmen Sie ein wenig Sofortglanz mit zur Arbeit: einen kleinen Schleier oder ein Band für Ihre Haare, hübschen Schmuck, Handschuhe oder ein Chiffontuch. Manche Mädchen, die im Kostüm zur Arbeit erscheinen, bringen ein festliches Shell-Top für abendliche Verabredungen mit.

FEIERABEND (mit genügend Zeit, um sich zu Hause umzuziehen):
1 Kleid (Einteiler oder Zweiteiler) plus Jacke oder Überwurf
1 Cocktail- oder kurzes Dinner-Kleid (versuchen Sie, den Überwurf von oben zu verwenden)
1 Schneiderkostüm oder Cocktail-Kostüm, dazu drei verschiedene Oberteile (Strick, Spitze, Krepp, Brokat oder zum Kostüm passender Stoff)
1 Mantel (außer Sie können die Jacke von Outfit Nummer eins oben verwenden)

Ich bevorzuge untereinander austauschbare Kleidung, wann immer es möglich ist, etwa ein Ensemble aus Rock mit verschiedenen Oberteilen und einer passenden Jacke oder einem Mantel. Dieses Outfit kann auch einen passenden langen Rock für formellere Anlässe beinhalten und mit verschiedenen Oberteilen variiert werden. Denken Sie stets daran, dass viele Single-Mädchen in Großstädten eine größere Garderobe für Verabredungen haben.

ZU HAUSE (als Gastgeberin):
1 Gastgeberinnenkleid oder Hostess Pajamas
1 Hausrock oder Hosen, mehr, wenn Sie verheiratet sind, mit besonders austauschbaren Oberteilen
3 Oberteile dazu – Blusen, Shell-Tops oder Pullover (Wichtiger Hinweis: Dies können dieselben Oberteile sein, die Sie zu Verabredungen tragen.)
2 Kleider – Einteiler oder Zweiteiler (für informelle Anlässe)

HINWEIS: Viele Mädchen tragen heute als Gastgeberin vermehrt Hosen oder Hostess Pajamas. Diese lassen sich leicht mit verschiedenen Oberteilen kombinieren und machen Einzelteile zu unverzichtbaren Bestandteilen der Garderobe einer modernen Frau.

ZU HAUSE (ohne Gäste):
1 Hausmantel oder Slip-on
1 gemütlicher Hausanzug mit Oberteilen oder Hose mit Oberteilen

FORMELLE KLEIDUNG:
1 informelles oder halbformelles Ensemble: Dies kann ein Kleid mit Stola oder ein Kleid mit Jacke sein. Es kann dasselbe Dinner-Kleid sein, das Sie tragen, um Gäste zu bewirten. Handelt es sich um ein zweiteiliges Kleid, besorgen Sie sich verschiedene Oberteile, mit denen sich Ihre Garderobe wunderbar ausdehnen lässt.

1 formelles Abendkleid plus Stola, falls Sie dafür Verwendung haben
(wenn nicht, besorgen Sie sich zwei halbformelle Kleider)

Mir gefällt die Idee des wandelbaren Ensembles, wie es in den meisten Geschäften verkauft wird – ein langer und ein kurzer Rock aus demselben Stoff, die zum selben Oberteil und Überwurf getragen werden. Viele Abendoutfits können durch Hinzufügen eines feinen Pullovers oder einer Stola verwandelt werden.

Denken Sie daran: Wie formell Ihr Abendkleid sein muss, hängt stark davon ab, welche Art von Kleid in Ihrer Gemeinde und von Ihren Freundinnen getragen wird. Viele arbeitende Single-Mädchen stellen fest, dass Ihr Sozialleben nach mehr Cocktail- oder Dinner-Kleidern oder selbst Gesellschaftskleidern verlangt als nach formelleren Kleidern. Doch nahezu jedes Kleid, Kostüm und Ensemble lässt sich durch Accessoires variieren und verwandeln – ein Dinner-Hut, Haarschmuck, hübsche Schuhe, Handschuhe und Schmuck. Ich habe Ihnen lediglich das *Basis*-Rezept geliefert. In manchen Fällen sollten Sie mehr Geld für ein zusätzliches Kleid, eine Bluse oder Schmuck ausgeben. Sie sollten Ihre Kleidung so auswählen, dass sie zu *Ihrem* Lebensstil, *Ihrem* Umfeld und *Ihrem* Typ passt. Wenn Sie in Cocktailkostümen nicht gut aussehen, tragen Sie sie nicht – greifen Sie zu Kleidern oder Ensembles. Mögen Sie keine langen Kleider, tragen Sie sie nicht. Denken Sie daran, dass die heutige Mode äußerst flexibel ist und Sie wählen können, was für Sie und Ihre Art von Arbeit und Freizeit passend ist.

Basis-Garderobe für die Hausfrau in der Vorstadt

MORGEN (bevor die Familie zu Arbeit und Schule aufbricht):
5 Morgenoutfits (Hemd- oder Wickelkleider, Kittel, Hosen und
Oberteile, Reißverschluss- oder Hauskleider)

HAUSARBEIT:
4 Schürzen, die zu Obigem passen, Overalls oder Arbeitskleider

EINKAUFEN (auf dem Markt oder für den Haushalt):
3 einfache, lässige Tageskleider, Röcke und Oberteile, Hosen und
Oberteile, Pullover oder Sportbekleidung

EINKAUFEN (in anderen Geschäften):
3 sportliche Kostüme oder Kleider oder Einzelteile, Pullover und
Röcke

HINWEIS: In vielen Vorstädten tragen Frauen Hosen für alle Arten von Einkäufen. Ob Sie es diesen Frauen nachtun sollten, hängt davon ab, welcher Look in Ihrer Gemeinde akzeptiert wird, und vor allem, ob sie Ihnen stehen.

LUNCH (informell, in der Vorstadt):
Dieselbe Garderobe, die für den Besuch von Geschäften verwendet
wird.

LUNCH (halbformell oder formell in Restaurants, Klubs oder bei
Freunden zu Hause):
1 Gesellschaftskleid (ein- oder zweiteilig)
1 Schneiderkostüm
1 Ensemble (Kleid plus Jäckchen, Schal oder Überwurf)

HINWEIS: Wenn Sie ein Kleid-Mädchen sind, drei Kleider plus Überwurf anstelle des Kostüms.

LUNCH (zu Hause mit Gästen):
Informell:
3 Kleider, Rock mit Oberteil oder Hose mit Oberteil

Formell:
1 Gesellschaftskleid (ein- oder zweiteilig), das Sie auch zum Lunch
im Restaurant oder Club tragen, oder einen kurzen Gastgeberinnen-
Rock oder -Hosen mit Oberteilen (Blusen, Pullover oder Shell-Tops)

HINWEIS: Wenn es sehr warm ist, sind lange Sommer-Gastgeberinnen-
Röcke oder -Kleider, bedruckt oder einfarbig, beliebt zum Mittagessen
sowie zum Tee.

NACH FÜNF UHR (Tee oder Cocktails in einem Restaurant, einem
Club, einer Teestube oder bei Freunden zu Hause oder Dinner):
1 Cocktailkleid
1 Cocktailkostüm (Schneiderkostüm)
1 Ensemble (Kleid plus Jacke, Mantel oder Überwurf)
(Daraus ergeben sich drei Outfits, die kombiniert und untereinander
ausgetauscht werden können.)

NACH FÜNF UHR (Tee oder Cocktails mit Gästen zu Hause):
1 Cocktailkleid (wie oben), Gastgeberinnen-Rock oder Hose mit drei
Oberteilen (Shell-Tops, schicke Pullover oder Blusen)
2 lässige Sportoutfits (Seide oder Strick), Röcke und Oberteile oder
Strickkleider

DINNER ZU HAUSE (mit der Familie):
4 Hauskleider, Röcke und Oberteile oder Hosen und Oberteile

DINNER ZU HAUSE (mit Gästen):
Informell:
2 Tageskleider, Röcke und Oberteile oder Hosen und Oberteile
Halbformell oder formell:
2 Cocktailkleider, Hausröcke und Oberteile, Hostess Pajamas oder
Gastgeberinnenkleider

Formeller:
1 langes oder kurzes Dinnerkleid
1 Gastgeberinnenkleid oder Hostess Pajamas

PARTYKLEIDUNG (zu Hause, oder auswärts):
2 kurze Abendkleider plus eine Stola oder Ensembles (Kleid mit passendem Überwurf)
1 langes Abendkleid oder Ensemble (falls nötig)

HINWEIS: Ich kann nicht stark genug betonen, wie wichtig Einzelteile für Frauen mit begrenztem Budget sind – eine Kombination aus langen und kurzen Röcken mit verschiedenen Oberteilen und Überwürfen.

Basis-Garderobe für die städtische Hausfrau

MORGEN (bevor die Familie zu Arbeit und Schule aufbricht):
4 Wickelkleider, Kittel, Morgenmäntel oder Reißverschluss-Kleider, Hemdkleider, Hosen und Oberteile oder Hauskleider

HAUSARBEIT:
4 Schürzen oder Arbeitskittel oder Arbeitsoveralls

EINKAUFEN (in der Nachbarschaft, auf dem Markt etc.):
2 Sportkostüme mit drei verschiedenen Oberteilen (Blusen, Shell-Tops oder Pullover) oder zwei Röcke mit Jacke oder Strickjacke, die zu den oben genannten Oberteilen getragen werden
2 einfache Tageskleider (ein- oder zweiteilig)
1 Sport- oder Tagesmantel

HINWEIS: Viele Frauen tragen Hosen zum Einkaufen, sogar in der Stadt – nur sehr wenige sollten dies tun.

EINKAUFEN (und andere Tagesaktivitäten):
1 Tageskostüm mit drei verschiedenen Oberteilen, die dieselben wie
beim oben genannten Sportkostüm sein dürfen
1 Tagesensemble (Kleid plus Mantel oder Jacke), darf dasselbe wie das
für den Markt sein
2 Tageskleider (ein- oder zweiteilig)
1 Tagesmantel, kann derselbe wie der für den Markt sein

HINWEIS: Die Garderobe für die unterschiedlichen Einkaufsarten unterscheidet sich kaum, wobei das Einkaufen auf dem Markt einen etwas lässigeren Look nahelegt.

LUNCH IN DER STADT (Matinee, Tee, Museum oder Kunstgalerie):
1 Schneiderkostüm oder Nachmittagsensemble (Kleid plus Jacke oder
Mantel) oder zwei von einem
2 Kleider (ein- oder zweiteilig)
1 Überwurf (Mantel, Jacke, Stola etc.)

LUNCH ZU HAUSE (Tee oder Cocktails mit Gästen):
2 Gesellschaftskleider oder Hausröcke oder Pajamas plus Oberteile

HINWEIS: Ich bevorzuge die zweiteilige Kombination aus Rock oder Hose mit Oberteil, da sie leichter austauschbar ist. Viele ältere Damen präferieren jedoch das konventionelle Gesellschaftskleid.

DINNER ZU HAUSE (mit der Familie):
4 Kleider (ein- oder zweiteilig), Shifts oder maßgeschneidert, oder
Kombinationen aus Röcken, Hosen, Oberteilen

DINNER ZU HAUSE (informell, mit Gästen):
1 Gesellschaftskleid oder ein kurzes Dinnerkleid
1 Gastgeberinnenkleid oder Hostess Pajamas

Basisgarderobe

HINWEIS: Das Tragen von Pajamas hängt ganz vom persönlichen Geschmack ab. Wenn Sie sie nicht mögen und sie Ihnen nicht stehen, ersetzen Sie sie durch einen Dinnerrock und ein Oberteil oder ein weiteres Kleid.

DINNER ZU HAUSE (formell):
1 langes oder kurzes Dinnerkleid

HINWEIS: Viele Gastgeberinnen tragen formelle Gastgeberinnenkleider.

DINNER (in einem Café, Restaurant oder Theater):
1 Dinner- oder Abendkleid von oben, plus Überwurf
1 Dinner- oder Abendkostüm oder -ensemble (Kleid plus Jacke,
Überwurf oder Mantel)
Ein kurzer Rock ist bei dieser Art von Kleid vorzuziehen, außer es
handelt sich um einen feierlichen Eröffnungsabend im Theater.

PARTYOUTFITS:
Kleider von oben für informelle Partyoutfits
2 kurze Abendkleider (mit Überwurf – Jacke oder Mantel) oder
Ensemble (Kleid plus passender Überwurf)
1 langes Abendkleid und Stola (optional)

HINWEIS: Austauschbare Einzelteile sind hervorragend für die städtische Hausfrau geeignet. Die Möglichkeit, einen langen oder kurzen Rock mit einem Oberteil oder einer Jacke zu tragen, erweitert die Garderobe ungemein.

Überwürfe – Pelze

In dieser Basisliste verwende ich den Begriff »Überwurf« für Mäntel, Jacken und Stolen. Sie sind ein wichtiger Teil Ihrer Garderobe. Wenn ich früher eine pelzbesetzte Jacke oder einen Mantel, eine Pelzstola oder einen Pelzschal empfohlen hätte, wären diese Dinge für ein durchschnittliches Mädchen oder eine Frau mit Budgetproblemen unerschwinglich gewesen. Heute gibt es so viele pelzbesetzte Jacken und Mäntel aus günstigen oder synthetischen Pelzen und selbst komplette Pelzschals, -umhänge, -jacken und -mäntel, dass ein Pelz oder ein pelzbesetzter Überwurf in den kalten Jahreszeiten – Herbst, Winter und Anfang Frühjahr – nicht nur praktisch ist, sondern jedem Outfit Gewicht verleiht. Viele Frauen mit schmalem Budget, die sich keine saisonal wechselnden Überwürfe leisten können, besitzen einen abnehmbaren Pelzkragen, Pelzbündchen oder einen Pelzschal, die sich bei warmem Wetter von ihren Überwürfen entfernen lassen.

Accessoires

Niemand, nicht einmal eine Designerin, kann einer Frau genau sagen, wie viele Accessoires sie benötigen wird. Grundsätzlich empfehle ich jedoch jeder Frau, ob Büromädchen oder Hausfrau, für jede Saison zwei Paar Tagesschuhe, ein Paar Ausgehschuhe, zwei Tageshandtaschen und eine Abendhandtasche zu besitzen. Und da ich fest an Hüte glaube, mindestens zwei Tageshüte und einen Gesellschafts- oder Ausgehhut.

Schmuck ist etwas sehr Persönliches und sollte meiner Ansicht nach in zwei Kategorien eingeteilt werden. Für tagsüber empfehle ich schlichten Schmuck anstelle von »Glitzer«. Abendschmuck darf funkeln oder aus Perlen bestehen.

Tücher halte ich für äußerst wichtig, da sie die Erscheinung eines Kostüms oder Ensembles ganz leicht verändern können.

Ob Sie Regenbekleidung und Regenschirme benötigen, hängt natürlich von der Region ab, in der Sie leben, und wie oft Sie sie verwenden würden. Im Übrigen ist Regenbekleidung heutzutage so attraktiv, dass Sie nicht wie eine Waise im Sturm aussehen müssen, nur weil das Wetter schlecht ist.

Was Sie unter Ihrer Kleidung tragen, ist auch wieder eine persönliche Entscheidung. Welche Büstenhalter, Mieder, Stützunterwäsche jeglicher Art, Unterkleider, Unterröcke, Strümpfe, Nachtwäsche, Überwürfe und so weiter Sie auswählen, hängt davon ab, wo Sie leben, wie viel Sie ausgeben können und was die aktuelle Mode diktiert.

Sportbekleidung

Das Folgende trifft auf alle vier Kategorien zu:
Arbeitende Frau – Single
Arbeitende Frau – verheiratet
Hausfrau in der Großstadt
Hausfrau in der Vorstadt

Aktiver Sport

Wenn Sie aktiv sportliche Aktivitäten ausüben, kaufen Sie am besten in einem Fachgeschäft ein oder in der Abteilung eines Kaufhauses, wo die richtige Kleidung für die jeweilige Sportart verkauft wird, sei es Tennis, Golf, Schwimmen oder Skifahren. Natürlich können Sie die Farbe auswählen, die Ihnen am besten steht, aber experimentieren Sie nicht mit eigenen Sportbekleidungskreationen herum – diese sollte vollkommen funktional sein und zu dem passen, was traditionell zum Sport getragen wird.

Die Menge an aktiver Sportbekleidung, die Sie benötigen, wird davon abhängen, wie oft Sie sich sportlich zu betätigen planen. Versichern Sie sich zuallererst, dass Sie die korrekten Accessoires besitzen – Tennisschuhe zu Tenniskleidung, Golfschuhe zu Golfkleidung und so weiter.

Sportkleidung für Zuschauer

Die Basis für Zuschauer-Sportbekleidung besteht aus sportlichen Kleidungsstücken: Sportkleider, Sportkostüme, Zweiteiler, Pullover und Röcke, Hosen und Oberteile, Hosenröcke, Jacken, Sakkos. Wieder kommt es darauf an, welche Sportarten Sie sich anschauen, wo und bei welchem Wetter.

Die Anzahl an Kleidungsstücken hängt davon ab, wie oft Sie diese Kleidung benötigen werden. Zuschauer-Sportbekleidung ist jedoch zu einem Teil des Vorstadt- oder Land-Looks geworden und wird in kleineren Städten und Vororten oft im Alltag getragen.

Stoffe

Außer bei Wetterextremen verändert sich das Aussehen moderner Kleidung während der vier Jahreszeiten nicht großartig. Die Stoffe sind es, die auf die Saison verweisen. In den vorangegangenen Tabellen sind für alle Kleidungsstücke, die der Pflege bedürfen – Hauskleidung, Arbeitskleidung und Kleidung für heißes Wetter –, die meist verwendeten Stoffe pflegeleichte Mischungen und Kunstfasern. Die neuen Wunderstoffe von heute sind bügelfrei und knitterresistent in allen möglichen Materialien, was das moderne Leben für das Büromädchen wie auch die Hausfrau wesentlich einfacher macht. Selbst bei den wärmeren Stoffen gibt es so viele Wundermischungen, die Falten widerstehen und ganz einfach glatt und sauber gehalten werden können.

In der Warmwettergruppe gibt es Leinen, Baumwolle, Popeline, Pikee, Seersucker und alle Arten von Kunstfasern. Für kühles oder kaltes Wetter sind die wärmeren Stoffe Wolle, Cord und Jersey geeignet – und wiederum alle Arten von Mischungen und Kunstfasern.

Zum Glück geben die meisten Hersteller auf ihren Etiketten an, wie die Stoffe zusammengesetzt sind und wie man sie pflegen sollte. Dasselbe gilt für Stoffe, die als Meterware gekauft werden.

Viele schreiben mir mit der Frage, was ein Tageskleid, ein Gesellschaftskleid oder ein elegantes Kleid ausmacht. Hier kommt der *Stoff* ins Spiel, da sich die Silhouetten der heutigen Entwürfe für verschiedene Gelegenheiten nicht großartig unterscheiden. Beispielsweise könnte das gleiche Kleid für tagsüber aus Baumwolle, Pikee, Seersucker oder einer Kunstfaser sein; für Lunch oder Nachmittag könnte es aus Seidenleinen bestehen; und für nach fünf Uhr und einen eleganteren Auftritt könnte es durch die Verwendung von Krepp, Seidenjersey oder bedruckter Seide verwandelt werden. Dieselbe Silhouette könnte auch für informelle Abendkleidung verwendet werden, wenn das Kleid aus Spitze, Chiffon oder einem eleganteren Stoff gearbeitet wäre.

Karriereschaubild nach Größen

A Größen 6, 8, 10

KOSTÜME:

Jacken – Bolero, taillenlang oder bis zum Hüftbein. Können kastenförmig, locker sitzend, eng anliegend oder gegürtet sein. Röcke – schmal, ausgestellt oder Faltenröcke. Ärmel – kurz, 3/4 oder lang. Ausschnitt – geschlossen oder offen. Stoff – glatt, strukturiert oder gemustert. Farben – hell, mittel, dunkel – aber nicht zu intensiv.

KLEIDER:

Ein- oder Zweiteiler – bei Einteilern hohe, natürliche oder tiefe Taille. Oberteil locker oder eng. Rock schmal, ausgestellt oder Faltenrock. Kragen, Bündchen und aufgenähte Taschen sind gute Details. Gürtel sind ein wichtiges Accessoire für schmale Taillen. Farben können hell, mittel oder dunkel sein, aber nicht zu leuchtend. Stoffe, die sich nicht dehnen, am Körper kleben oder durchhängen. Können schlicht, klein gemustert oder strukturiert sein.

EINZELTEILE:

Wunderbar, um die Garderobe auszuweiten, da sie untereinander ausgetauscht werden können. Arbeitgeber bevorzugen die Formel Rock, Bluse oder Pullover plus Jacke. Ärmellose Kleider eignen sich für jüngere Trägerinnen. Farb- und Stoffauswahl wie bei den Kleidern.

Basisgarderobe

B Größen 12, 14, 16

KOSTÜME:
Jacken – bis zum Hüftknochen oder länger. Kastenförmig oder locker
sitzend. Ärmel – 3/4 oder lang. Ausschnitt – mittel oder tief. Röcke –
locker, ausgestellt oder gefältelt. Stoff – glatt, strukturiert oder klein gemustert. Farbe – mittel bis dunkel, neutrale Farben.

KLEIDER:
Zweiteiler sind exzellent. Bei Einteilern am besten mit normaler Taille.
Normale Gürtel; leicht blusiges Oberteil. Röcke – locker, gefältelt oder
ausgestellt. Kragen und Bündchen sind gute Details für Bürokleider.
Stoffe, die in Form bleiben und locker sitzen, glatt, strukturiert oder sehr
kleine Muster. Farben – mittel, mitteldunkel bis dunkel.

EINZELTEILE:
Wählen Sie Röcke mit Keller- oder Bewegungsfalten; Blusen oder Pullover
mit Jacke oder Strickjacke. Farb- und Stoffauswahl wie bei den Kleidern,
außer bei breiten Hüften, verwenden Sie in diesem Fall eine dunklere
Farbe für den Rock. Sind Sie oberhalb der Taille breiter, setzen Sie die
dunklere Farbe in diesem Bereich ein.

C Größen 18, 20 und darüber

KOSTÜME:
Jacken – hüftlang bis 3/4-Länge – gerade oder kastenförmig. Ärmel – 7/8 bis lang. Ausschnitt – schmale vertikale Öffnung – Kragen und Revers sind gute Details. Alle Details sollten vertikal ausgerichtet sein. Röcke – locker, ausgestellt oder mit Bewegungsfalten. Stoff – glatt oder strukturiert – keine glänzenden Oberflächen. Farben – mitteldunkel bis dunkel.

KLEIDER:
Vorzugsweise Einteiler. Blusiges Oberteil – schmaler, nicht kontrastierender Gürtel. Ausschnitt – V – mit oder ohne Kragen. Ärmel – 3/4, 7/8 oder lang. Röcke – weich oder mit Bewegungsfalten. Stoff – matte Oberfläche oder sehr kleine Struktur. Farben – mitteldunkel bis dunkel.

EINZELTEILE:
Unterbrechen Sie in dieser Kleidergröße nicht die Linie des Körpers mit kontrastierenden Farben oder Stoffen. Wählen Sie stattdessen einteilige Kleider oder Rock und Oberteil in derselben Farbe. Fügen Sie dann Jacke oder Strickjacke aus derselben Farbskala hinzu.

13.

Nichts ist so erfolgreich wie Erfolg

13. Nichts ist so erfolgreich wie Erfolg

Seit der Mensch aus dem Urschleim gekrochen ist und den aufrechten Gang erlernt hat, ist Kleidung von grundlegender Bedeutung. Ursprünglich war sie lediglich notwendig zum Überleben. Ohne Tierhäute und Pelze wären die Eskimos durch Erfrieren ausgestorben. Ohne Stroh und Federn wären die Völker am Äquator von Sonne und Hitze verbrannt worden.

Zu Beginn wurde Kleidung getragen, um sich vor der Witterung und dem rauen Gestrüpp in Busch und Urwald zu schützen. Doch als sich das menschliche Empfinden für Schönheit entwickelte, nahm selbst Kleidung, die zum Schutz entwickelt war, ästhetische Qualitäten an. Der schwere Kettenpanzer aus Eisen, den die frühen Kreuzfahrer trugen, war aufwendig ziseliert und üppig verziert, um aus einem Ritter in glänzender Rüstung auch einen glanzvollen Anblick zu machen. Kleidung wurde bald zu einem Symbol für Wohlstand und Status, und während die Lords und Ladys am königlichen Hof sich reich und elegant kleideten, waren die Leibeigenen in Lumpen gehüllt.

Heute kann jeder sich modisch kleiden, unabhängig von seiner Einkommensschicht, da es mit begrenztem Budget ebenso möglich ist, gut gekleidet zu sein, wie mit einem großen Einkommen. Was Sie tragen, ist Ihre Entscheidung. Wenn Sie sich für den Erfolg kleiden – ob Ihr Erfolgsziel nun im Beruf, in der Liebe, in der Ehe oder in Ihrem rechtmäßigen Platz in der Gesellschaft liegt –, haben Sie bereits die erste Stufe der Leiter erklommen.

Im Laufe dieses Buches habe ich Sie immer wieder Analysen erstellen, Regeln befolgen und sich an Formeln orientieren lassen. Einige der glamourösesten Filmstars der Welt haben diese Ideen genutzt, um sich attraktiver für andere zu machen. Eine Grundregel in Hollywood lautet: »Wenn es nicht hübsch ist, mach es hübsch.« Und auch auf die Gefahr hin, mich zu wiederholen, versichere ich Ihnen, dass selbst die schönsten Frauen nicht rundum hübsch sind. Sie haben lediglich gelernt, Kleidung so geschickt zu verwenden, dass andere den Eindruck bekommen, sie seien es. Weshalb sollten Sie nicht dasselbe tun?

Vielleicht haben einige der Kapitel dieses Buches weniger auf Sie zugetroffen als andere. Ich empfehle Ihnen, zurückzublättern und die Kapitel noch einmal zu lesen, die Ihnen am meisten dabei helfen, den Erfolg zu erlangen, den Sie sich wünschen. Und glauben Sie nicht, dass allein das Lesen und Verstehen von ein paar Tausend Worten Ihr Leben über Nacht verändern wird. Sie werden immer noch einige Fehler begehen, weil Sie menschlich sind. Trotz allem, was ich darüber gesagt habe, wie Sie sich kleiden sollten, werden Sie immer noch manchmal den Anweisungen Ihres Herzens statt denen von Edith Head folgen und hin und wieder das falsche Kleid oder Kostüm oder Paar Schuhe oder die falsche Handtasche erwerben. Sie werden sich gelegentlich verleiten lassen und Dinge kaufen, die Sie nicht brauchen und womöglich niemals tragen. Mitunter werden Sie vergessen, dass Ihre Hüften breit sind, Ihr Hals kurz ist, Ihre Schultern rund oder Ihre Arme schlaff sind, und am Ende mit einem unvorteilhaften Rock oder Ausschnitt oder Ärmel dasitzen. Fehler zu machen, ist nicht nur menschlich, es ist weiblich. (Denken Sie nur an all die Frauen, die den falschen Mann geheiratet haben!) Wenn Sie den Anregungen in diesem Buch folgen, kann ich Ihnen jedoch garantieren, dass Sie sich selbst besser verstehen und Ihnen beim Kleiden für den Erfolg viel weniger Fehler unterlaufen werden.

Ich bin überzeugt davon, dass Sie, wenn Sie stets die größten Gefahren für Ihren Erfolg berücksichtigen, die an jeder Kleiderstange und in jeder Vitrine eines jeden Geschäfts im ganzen Land auf Sie lauern, wie ein Liebhaber guten Weins zu unterscheiden lernen werden, was zweite Wahl und was großartig ist – für *Sie*. Wenn Sie diese Fähigkeit einmal erlernt haben – die Fähigkeit, die Silhouetten, Farben, Ausschnitte, Ärmel und Röcke zu erkennen, die schlecht für Sie sind –, werden Sie diese Teile so schnell aussortieren, wie ein guter Cutter unnötiges Material aus einem Film entfernt. Es wird Ihnen auch leichter fallen, schneller gelingen und größere Freude bereiten, Kleider einzukaufen ohne die Unentschlossenheit und den Mangel an Selbstvertrauen, die so viele Frauen plagen. Sie werden es nicht länger für nötig befinden, Ihre beste Freundin mitzunehmen, um sie nach *ihrer* Meinung zu fragen, wenn Sie ein Kleid, einen Mantel oder einen Hut anprobieren. Sie werden selbst wissen, was richtig ist, sobald Sie einen Blick darauf werfen, und gehen nicht das Risiko ein, dass sie Ihnen erzählt, wie großartig Sie in etwas aussehen, das Sie dicker, älter und weniger attraktiv als sie erscheinen lässt.

Genauso wie der Geschmack für bestimmte Nahrungsmittel (wie Oliven, Kaviar oder Sardellen) erst entwickelt werden muss, müssen Sie auch Ihren Geschmack für die richtige Kleidung entwickeln. Wenn Sie sich an die Regeln halten, werden Sie Ihren Modegeschmack stetig dazu erziehen, ausschließlich nach den Stücken zu hungern, die vorteilhaft für Sie sind und Sie auf dem Weg zum Erfolg unterstützen.

In diesem letzten Kapitel möchten wir, dass Sie einen weiteren wichtigen Faktor für Ihren Erfolg in Betracht ziehen. Was Sie am Körper tragen, ist eine Sache – aber *was findet in Ihrem Kopf statt?*

Während Sie Ihren Körper für den Erfolg kleiden, muss auch Ihr Geist dafür richtig aufgestellt sein. Alle schicken Fummel dieser Welt werden Ihnen keinen Erfolg bringen, wenn in Ihrem Geist nichts als ein Gemenge aus kunterbunt zusammengewürfeltem Krimskrams oder unbestimmbaren Flicken und Fetzen zu finden ist. Ebenso wie ich Ihnen geraten habe, Ordnung in Ihren Kleiderschrank zu bringen, müssen Sie auch Ihren Geist organisieren.

Manche Frauen *denken*, Sie wollen Erfolg, leiden jedoch unter einem nackten, vollkommen unbekleideten Geist. Andere *sagen*, sie wollen Erfolg, kleiden ihren Geist jedoch mit der Düsternis der Niederlage. Wieder andere *geben vor*, dass sie Erfolg wollen, lassen ihren Geist ihnen jedoch zuflüstern: »Alles, was ich *wirklich* will, ist unmöglich.«

Ihren Geist für den Erfolg auszustatten, ist der erste Schritt auf dem Weg zu Ihrem Ziel. Kleiden Sie ihn entschlossen ein, nicht verwirrt. Es muss etwas geben, das Sie mehr wollen als alles andere. Ist es etwas, das Sie bekommen können? Wenn nicht, *streichen* Sie es aus Ihren Gedanken und beginnen Sie von vorn. Was ist die *nächste* Sache, die Sie mehr wollen als alles andere? Aha! So kommen wir doch weiter. Wenn Sie *dieses* Ziel erreichen können, ist das besser, als das andere nicht zu erreichen, oder?

Wenn Sie nicht das Aussehen oder die Figur haben, um ein Hollywood-Star zu werden, verfügen Sie vielleicht über die nötigen Fähigkeiten, um die beste Gastgeberin der ganzen Stadt zu werden. Wenn Ihnen der nötige Stammbaum fehlt, um Erbin zu werden, haben Sie vielleicht das Köpfchen und die Energie, um Ihre Tochter zu einer zu machen. Wenn Sie wissen, dass Sie niemals den Heiratsantrag bekommen werden, den Sie sich wirklich wünschen, was hält Sie davon ab, einen anderen zu begünstigen?

Ob Sie auf der Jagd nach einem Ehemann, nach Status, einem Vermögen oder einem Job sind – *beenden Sie die Hexenjagd!* Entscheiden Sie sich! Und dann stellen Sie sich *zielstrebig* und voller Siegeswillen der vorliegenden Aufgabe!

Wenn Sie erfolgreich im Job sein möchten, machen Sie sich an die Arbeit!
Wenn Sie erfolgreich als Hausfrau sein möchten, fangen Sie an zu kochen!
Wenn Sie gesellschaftlich erfolgreich sein möchten, lächeln Sie!
Wenn Sie heiraten möchten, schauen Sie sich um!

Aber bringen Sie zuerst Ihren Geist wie auch Ihre Garderobe in Ordnung.

Eine äußerst erfolgreiche Freundin von mir hat sich auf ihren angestrebten Erfolg konzentriert, indem sie stets ein kleines Gedicht vor sich auf dem Schreibtisch liegen hatte. Ich weiß nicht, wer es geschrieben hat, aber es ist eine wahre Zusammenfassung der Philosophie des Erfolgs.

Es mag niemals mein sein,
Das Brot oder der Kuss oder das Königreich,
So sehr ich es auch ersehne.

Aber ich weiß, dass meine Hand dem Himmel eine Armlänge näher kommt,
Weil ich mich danach strecke.

Wann immer wir uns stärker anstrengen, um ein Ziel zu erreichen – wann immer wir uns ein bisschen länger strecken –, werden wir unweigerlich ein wenig näher an das herankommen, was wir uns wünschen. Und selbst wenn wir das Ende des Regenbogens niemals erreichen, werden wir uns doch weit von unserem Ausgangspunkt entfernt haben.

Vergessen Sie auf dem Weg zu einem besseren Morgen keinesfalls, dass Sie ein Individuum sind. Die Ansammlung von Atomen, Molekülen und Genen, die Sie ausmachen, ist in einer bestimmten Weise arrangiert, die sich nicht verändern lässt. Ihr Experiment mit der Papiertüte über Ihrem Kopf hat Ihnen genau gezeigt, welcher körperliche Typ Sie sind, doch Sie müssen auch Ihre psychischen Eigenschaften erkennen, um eine Modephilosophie zu entwickeln.

Beispielsweise würde es überhaupt nicht zu einer introvertierten, zurückhaltenden und schüchternen Frau passen, wenn sie sich wie ein überdrehtes Mitglied des Jet Sets kleidete. Kleidung kann Ihre wahre Persönlichkeit nicht verstecken oder verschleiern. Sie sollte so gewählt sein, dass sie sie betont, nicht dagegen ankämpft. Was Sie tragen, kann Ihre Persönlichkeit aufwerten und romantisieren, jedoch niemals verändern.

Neben Ihren physischen Attributen sind Ihre mentale Ausstattung und Haltung ebenso Teil Ihres Typs und sollten beim Entwickeln Ihrer Garderobe bedacht werden. Ein fähiger Maskenbildner könnte Merle Oberon wie ein unschuldiges Bauernmädchen aussehen lassen, doch ein guter Casting-Director würde ihr eine solche Rolle nicht geben. Weshalb? Weil das Publikum sie als sexy, elegant und glamourös kennt und laut lachen würde, wenn es sie als bukolisches Milchmädchen sähe.

Auch Sie haben ein »Image«, das Ihr Publikum kennt. Ihr Publikum besteht aus Freunden, Familie und Kollegen. Wenn Sie versuchen, über Nacht eine brandneue, vollkommen andere Persönlichkeit zu werden,

werden sie Sie wahrscheinlich als verrückt wie Lucia di Lammermoor und nicht als verwandelt wie Aschenputtel ansehen.

Außer Frage steht, ganz abgesehen von Ihrem Persönlichkeitstypus, dass die richtige Öffentlichkeitsarbeit anderen gegenüber Sie auf Ihrem Weg zum Erfolg unterstützt. Sie können Ihre Persönlichkeit zwar nicht *verändern*, aber Sie können sie gefälliger machen, indem Sie versuchen, anderen zu gefallen und Dinge zu sagen, die diese gern hören.

Mit anderen Worten, seien Sie Sie selbst, aber eine bessere, nettere, ansprechendere Version von sich. Und lassen Sie Ihre Kleidung dieses Ich widerspiegeln, indem sie Sie hübscher anzusehen sein lässt.

Noch ein letzter Gedanke, bevor ich zurück in mein Arbeitszimmer gehe. Seien Sie kein Sklave Ihrer Kleider – lassen Sie Ihre Kleider Ihre Sklaven sein. Wie?

1. Indem Sie Kleidung auswählen, die Ihnen dient. Sie muss zu allen Aktivitäten in Ihrem geschäftigen Leben passen, ganz gleich ob zu Hause, in der Geschäftswelt, im gesellschaftlichen Umfeld, draußen, drinnen oder in einem Kombi voller Kinder, den Sie durch die Stadt manövrieren.

2. Indem Sie Kleidung aussuchen, die Ihnen schmeichelt, weil sie Sie und Ihre Figur hübscher, jünger, besser und attraktiver erscheinen lässt.

3. Indem Sie zu Kleidung greifen, die Ihnen entspricht, Ihrem eigenen Typus und Ihrer Persönlichkeit treu ist und Ihnen Selbstvertrauen verleiht, weil Ihr wahres Selbst sich in ihr bedeutsam fühlt.

4. Indem Sie Kleidung kaufen, die Sie davor beschützt, hinter Ihrem Rücken als Dummkopf, hässliche Schabracke oder Langweilerin bezeichnet zu werden, oder auch nur davor, dass jemand zu anderen über Sie sagt: »Meine Güte, seht euch nur diese Aufmachung an!«

5. Indem Sie sich auf die Kleidung beschränken, die Ihnen dabei hilft, die Erfolgsziele zu erreichen, die Sie oder Ihre Familie anstreben, indem sie mit Ihnen und für Sie arbeitet, statt gegen Sie, und zwar jede Minute von Tag und Nacht.

Also dann! Lassen Sie diese Sklaven schuften! Sie sind die Kleider in Ihrem Schrank. Wenn sie einfach nur herumhängen, schicken Sie sie in den Ruhestand. Wenn sie sich Ihnen und der Aufgabe, Sie erfolgreicher zu machen, nicht vollkommen widmen, besorgen Sie sich ein neues Team!

Am Anfang dieses Kapitels habe ich Sie an die Zeit erinnert, in der Menschen Kleidung ausschließlich zum Überleben trugen. Im kommenden Weltraumzeitalter mag sie erneut zu einem Mittel zum Überleben werden, ohne das wir in unserer neuen Heimat im Weltall weder atmen noch den Druck aushalten oder uns fortbewegen können. Doch hier und jetzt auf dem bekannten Planeten Erde sind die Kleider, die Sie tragen, weit mehr als Dinge, die Sie am Leben halten. Sie können Sie *lebendig werden* lassen! Sie können Ihre Partner in all den aufregenden Abenteuern des Lebens sein. Sie können und sollten Ihnen den Auftrieb geben, den Sie für den größten Absprung von allen benötigen: Ihren Start in den Orbit des Erfolgs.

Impressum

First published by Random House, 1967
This edition first published by V&A Publishing, 2009
V&A Publishing
Victoria and Albert Museum
South Kensington
London SW7 2RL
Titel der Originalausgabe: How to Dress for Success

Copyright © 1967 *How to Dress for Success* belongs jointly
to the following Estates
© 2011 The Estate of Edith Head – Motion Picture and Television Fund
© 2011 The Estate of Joe Hyams
Book design and compilation copyright © V&A Publishing, 2010

Design by **here** | www.heredesign.co.uk

Edith Head mit Joe Hyams
Dress for Success
Das kleine Buch für die erfolgreiche Frau
978-3-95910-163-9

Eden Books
Ein Verlag der Edel Germany GmbH

Copyright © 2015 der deutschen Ausgabe
Edel Germany GmbH,
Neumühlen 17, 22763 Hamburg
www.edenbooks.de | www.facebook.com/EdenBooksBerlin | www.edel.com
1. Auflage der ungekürzten Taschenbuchausgabe 2018
Übersetzung: Yasemin Dincer
Lektorat: Christine Kamp
Projektkoordination: Nina Schumacher
Satz: Graf & Stratmann GbR
Satzadaption und Bildbearbeitung:
Datagrafix GmbH, Berlin | www.datagrafix.com
Umschlaggestaltung: Rosanna Motz
Druck und Bindung: optimal media GmbH, Glienholzweg 7,
17207 Röbel/Müritz

Printed in Germany

Um die kulturelle Vielfalt zu erhalten, gibt es in Deutschland und in Österreich
die gesetzliche Buchpreisbindung. Für Sie, liebe Leserin und lieber Leser,
bedeutet das, dass Ihr verlagsneues Buch jeweils überall dasselbe kostet, egal,
ob Sie Ihre Bücher gern im Internet, in einer großen Buchhandlung oder beim
kleinen Buchhändler um die Ecke kaufen.